U0886409

广西高校人文社科重点研究基地中国-东盟传统医药发展研究中心资助（0501906409）

MEITI RONGHE LUJING YANJIU

——YI ZHONGGUO BAOYE WEILI

媒体融合路径研究

——以中国报业为例

MEITI RONGHE LUJING YANJIU

——YI ZHONGGUO BAOYE WEILI

秦祖智　著

中国财经出版传媒集团
经济科学出版社
Economic Science Press

图书在版编目（CIP）数据

媒体融合路径研究：以中国报业为例/秦祖智著．
—北京：经济科学出版社，2020. 2
ISBN 978 - 7 - 5218 - 1390 - 6

Ⅰ. ①媒…　Ⅱ. ①秦…　Ⅲ. ①报纸 - 新闻事业 - 研究 - 中国　Ⅳ. ①G219. 2

中国版本图书馆 CIP 数据核字（2020）第 041423 号

责任编辑：李　雪
责任校对：杨　海
责任印制：邱　天

媒体融合路径研究
——以中国报业为例
秦祖智　著
经济科学出版社出版、发行　新华书店经销
社址：北京市海淀区阜成路甲 28 号　邮编：100142
总编部电话：010 - 88191217　发行部电话：010 - 88191522
网址：www. esp. com. cn
电子邮件：esp@ esp. com. cn
天猫网店：经济科学出版社旗舰店
网址：http：//jjkxcbs. tmall. com
固安华明印业有限公司印装
710 × 1000　16 开　13. 25 印张　190000 字
2020 年 4 月第 1 版　2020 年 4 月第 1 次印刷
ISBN 978 - 7 - 5218 - 1390 - 6　定价：58. 00 元
（图书出现印装问题，本社负责调换。电话：010 - 88191510）
（版权所有　侵权必究　打击盗版　举报热线：010 - 88191661
QQ：2242791300　营销中心电话：010 - 88191537
电子邮箱：dbts@ esp. com. cn）

序　言

2019年6月6日，国家工信部向中国电信、中国移动、中国联通、中国广电发放了5G商用牌照，标志着我国正式进入5G商用元年。当前信息技术加速迭代，从互联网到移动互联网，给处于信息传播产业链条中重要一环的传统媒体带来了前所未有的宏观与微观环境的考验，传媒市场俨然已难觅蓝海。技术的发展催生了纷繁多样的媒介形态与组织，新兴媒体如雨后春笋般迅速成长，对传统媒体的发展乃至生存提出了前所未有的严峻挑战。在受众需求变迁与媒体运营压力增大双重压力下，媒体融合成为媒体发展的方向与趋势，并引起学界、业界和政府部门的高度重视与关注。而作为传统媒体的中国报业，近年在新媒体迅速崛起的冲击下，市场份额不断被蚕食，行业生态环境剧变，停刊、休刊消息屡见报道，社会效益与经济效益的双重压力迫使传统媒体尤其是报业不得不思考融合转型的路径与方向。

当前传统媒体发展困境背后的实质原因在于报业等传统媒体现有的传播渠道与受众的需求错位，现有的营运模式与市场需求脱节，现有的制度安排滞后于传媒产业发展。由于媒体的特殊性使其不同于普通企业，处于当前文化体制改革关键时期的报业，转企改制、集团化发展、市场转型、多元化战略等经营管理问题亟须相应的理论支持与指导。同时，媒体经营管理属于应用性非常强的学科领域，国内目前亦无太多成熟模式可鉴，国外成熟的媒体企业发展模式由于国情不同亦无法完全移植。为此，本选题旨在以中国报业等传统媒体的融合路径为研究对象，以新制度经济学为主要理论工具，并引入经济学理论中的技术和资本两个变量，构建以技术、资本和制度为空间维度、以媒体融合发展进程为纵向历时维度、基于新制度经济学的理论分析框架。运用相关分析工具以及文献研究、案例研究和实证研究等方法，探讨技术、资本与制度逻辑下我国传统媒体的媒体融合路径，并据此对传统媒体融合的趋势和方向进行分析、判断，为我国传媒经营管理理论体系的构建提供研究支持。

通过研究，提出了以下观点：

一、传统媒体和体制外新兴媒体是我国传媒市场的两大主体，技术和资本壁垒使传统媒体和新兴媒体形成了技术、资本区隔，制度屏障使传统媒体和体制外新兴媒体形成了制度区隔。在当前传统媒体核心竞争力与官方舆论场面临体制外新兴媒体挑战的形势下，变革是其重新占领舆论高地、重塑公信力与影响力的唯一选择。通过制度变迁打破技术、资本和制度区隔，实现传统媒体的体制外融合是全面推进融合的重要路径方向。

二、内生式增长融合、外生式增长融合和外向性扩张融合是媒体融合的三条主要路径。不同传媒机构由于所处地域和发展阶段不同可选择不同的融合路径，但外生式增长融合将是传统媒体推进媒体融合的重要选择，而外向性扩张融合路径是我国传统媒体实现打造新型主流媒体、建成新型媒体集团和形成现代传播体系融合目标的必由之路。

三、媒体融合随着媒介实践的发展而具有不同内涵与外延边界，学界、业界对媒体融合均有不同层次的理解与诠释，对媒体融合的概念与范畴应持一种动态、发展的视角进行考量与研究。

四、实证研究为媒体融合研究提供了更为广阔的视野与评判指标，使研究结果更具可测量性，将是未来媒体融合研究的重要研究方法。同时，实证研究需要大量数据支持，因此，构建公开、持续、统一的传媒产业统计体系是传媒研究的重要基础和保证。

本书共九个章节，按照“提出问题—分析问题—解决问题”的思路进行篇章布局。

第一章为绪论。对研究背景与对象、研究目的与意义、研究方法和思路、主要理论框架和分析工具进行介绍。

第二章为文献综述。对国内外学者关于媒体融合的动因、制约因素和路径、趋势等研究成果进行回顾，并对这些成果进行述评。

第三章至第七章为“分析问题”部分。该部分主要通过对我国媒体融合路径的现状进行考察，对我国报业的融合路径进行宏观分析，并选取媒体融合的典型案例进行实证研究，多角度分析我国传统媒体的融合路径及绩效，为媒体融合路径的探索从技术、资本和制度三个维度寻找理论与实践依据。

第八章和第九章为解决方案和研究结论。该部分指出了媒体融合的可选路径与必由路径，并对媒体融合发展趋势进行了预测，对媒体融合理论体系的构建进行了初步探索。

传媒经济学在我国发展历程不长，要称之为“学”估计还需学术共同体的不断努力。本成果仅是笔者对业界实践与研究的检视与思考，许多观点不一定成熟，仅供同行探讨，并期待给予批评、指导，共同深耕我国传媒经济领域，助力行业与学科发展。

2019 年 11 月于邕城望州岭

目录

第一章

绪　　论

第一节　研究背景

随着移动互联网的迅速普及，传媒业宏观和微观环境发生了重大改变，作为传播链条中重要一环的媒体面临着市场竞争日趋激烈的考验。信息技术的发展使纷繁多样的媒介形态与组织不断出现，对传统媒体的发展乃至生存提出了前所未有的严峻挑战。信息技术的发展在促进媒介形态更迭与传媒产业变革的同时，也带来了传播方式的深刻变化与对受众的重新定义，传统的“传—受”单向内容生产与传播模式和新闻专业主义受到挑战，受众群体概念向用户群体概念转化，用户生产内容的“新常态”使媒介生态发生了翻天覆地的变化，并对社会经济与人文环境产生了深远影响。在这一背景下，受众需求的多元化、分众化、小群体化对传播组织提出了越来越高的要求，而单一媒介形态对受众的这一需求显然已越来越力不从心，任何一种单一媒介形态都无法覆盖到所有受众，并由此而给传媒运营主体带来了一系列经营上的瓶颈，甚至陷于困境，近年来不断出现的报业休刊就是最好的明证。源于此，在受众文化需求变迁与传媒运营压力增大双重压力作用下，媒体融合成为传统媒体发展的方向与趋势，中央亦就此多次出台相关指导意见与政策，并引起了业界实践的风潮涌动与学界一波又一波的研究高潮，众人都在期待，能否从中觅得挽留受众与解救传统媒体困境的办法？

作为传统媒体的我国报业，近年来在新媒体迅速崛起的冲击下，市场份额不断被蚕食，2017 年，全国报纸总印数较上年降低 7.1%，总印张降低 15.1%；[①] 同时，据 CTR 媒介智讯《2018～2019 年中国广告市场回顾与展望》数据，报纸广告刊例花费在 2017 年、2018 年分别下降 32.5%、30.3%，这些不断被刷新的数据似乎在印证着“报纸消亡论”的预测。在这一行业生态环境剧变的情境下，我国报业也一直在寻求突围之路，从最初的“报网互动”到当下热议的“全媒体”“采编中央厨房”“县级融媒体”，无不显现着中国报人孜孜以求的期待与持之以恒的追求。与此形成鲜明对比的是，截至 2019 年 6 月，中国网民规模达 8.54 亿，互联网普及率达 61.2%，其中手机网民规模达 8.47 亿，网民使用手机上网的比例达 99.1%。[②] 尤其是移动互联网的广泛应用，基本消除了城乡的“数字鸿沟”。作为报业传播对象的受众，在大规模地逃离纸媒等传统媒体的传播渠道时，被新媒体方便、快捷的传播方式所捕获，传统媒体的官方舆论场域正在面临民间舆论场域挑战，甚至解构。社会效益与经济效益的双重压力迫使传统媒体尤其是我国报业不得不思考：在战略转型已是不得不进行的现实选择情境下，该如何转型以拓展新的生存空间？转型的路径究竟是什么？

再次追问当下传统媒体发展困境背后的形成机理与缘由，我国学界和业界近年来对此进行了大量研究与探索，从这些研究与探索成果中不难得出这样的总体判断，即其实质原因在于报业等传统媒体现有的传播

① 国家新闻出版署：《2017 年新闻出版产业分析报告》，中国新闻出版网，https：//www.chinaxwcb.com/uploads/1/file/public/201807/20180730113431_ihwy6ntnyd.pdf.

② 中国互联网信息中心：《第 44 次中国互联网络发展状况统计报告》，http：//www.cnnic.net.cn/hlwfzyj/hlwxzbg/hlwtjbg/201908/P020190830356787490958.pdf.

渠道滞后于受众的需求、现有的营运模式与市场需求脱节、现有的制度制约了传媒产业的发展。

随着新兴媒体的日益强大和传统媒体的日渐衰弱，“从媒体发展格局看，传统媒体面临严重的生存危机”；“从舆论生态变化看，存在丧失舆论主导权的危险”；“从意识形态安全看，互联网已经成为舆论斗争的主战场，直接关系我国意识形态安全和政权安全”。[①] 面对新兴媒体雨后春笋般崛起的严峻形势，国家层面已不再任由传统媒体自我探索式的龟速发展，开始重新谋划传统媒体的战略布局。党的十八大以来，党中央高度重视新闻舆论工作。党的十八届三中全会提出要整合新闻媒体资源，推动传统媒体和新兴媒体融合发展，从着眼巩固宣传思想文化阵地、壮大主流思想舆论的高度作出重大战略部署：推动传统媒体和新兴媒体融合。习近平总书记亦多次研究有关问题，作出重要指示。他强调，要加快传统媒体和新兴媒体融合发展，充分运用新技术新应用创新媒体传播方式，占领信息传播制高点。[②] 为推进这一战略部署，中央全面深化改革领导小组第四次会议于 2014 年 8 月 18 日审议通过了《关于推动传统媒体和新兴媒体融合发展的指导意见》，这是我国第一次将媒体融合上升为国家战略层面予以重视。指导意见明确提出，要按照积极推进、科学发展、规范管理、确保导向的要求，推动传统媒体和新兴媒体在内容、渠道、平台、经营、管理等方面深度融合，着力打造一批形态多样、手段先进、具有竞争力的新型主流媒体，建成几家拥有强大实力和传播力公信力影响力的新型媒体集团，形成立体多样、融合发展的现代传播体系。这从国家制度顶层设计的层面为我国传统媒体转型、发展指明了方向，即要全面推进媒体融合。

2016 年 2 月 19 日习近平总书记到人民日报社、新华社、中央电视台实地调研后主持召开党的新闻舆论工作座谈会，推动新闻舆论战线适

①② 刘奇葆：《加快推动传统媒体和新兴媒体融合发展》，载于《人民日报》2014 年 4 月 23 日第 6 版。

应形势发展积极改革创新。他强调，“党的新闻舆论工作是党的一项重要工作，是治国理政、定国安邦的大事”，要“创新方法手段，切实提高党的新闻舆论传播力、引导力、影响力、公信力”，“党的新闻舆论工作必须创新理念、内容、体裁、形式、方法、手段、业态、体制、机制”，“要适应分众化、差异化传播趋势，加快构建舆论引导新格局，要推动融合发展，主动借助新媒体传播优势”。①

中央《关于推动传统媒体和新兴媒体融合发展的指导意见》指出，传统媒体要坚持先进技术为支撑、内容建设为根本，从内容、渠道、平台、经营、管理等五个方面与新兴媒体融合。融合的目标主要有三个：一是打造一批形态多样、手段先进、具有竞争力的新型主流媒体；二是建成几家拥有强大实力和传播力、公信力、影响力的新型媒体集团；最终目的是形成立体多样、融合发展的现代传播体系。② 如图 1－1 所示。

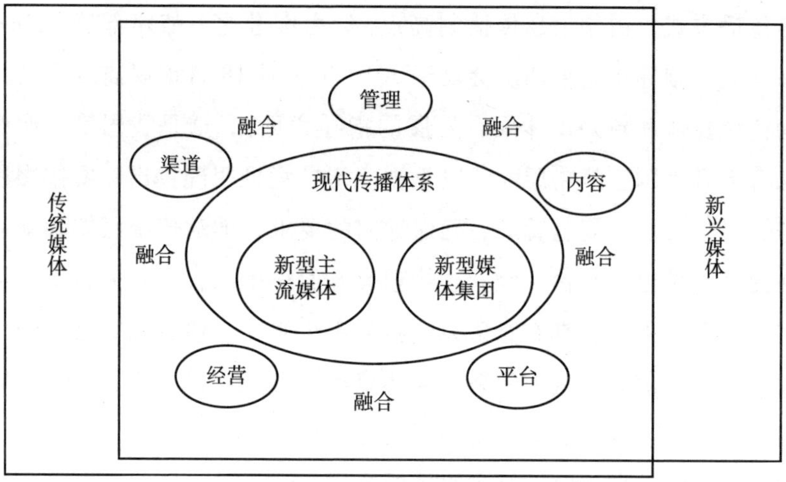

图 1－1　我国传统媒体与新兴媒体融合框架与目标体系

---

① 《坚持正确方向创新方法手段　提高新闻舆论传播力引导力》，载于《人民日报》2016 年 2 月 20 日第 1 版。

② 《关于推动传统媒体和新兴媒体融合发展的指导意见》摘要，参见人民日报社：《融合元年——中国媒体融合发展年度报告（2014）》，人民日报出版社 2015 年版，第 257 页。

2018 年 8 月，习近平总书记在全国宣传思想工作会议上再次指出要加强传播手段和话语方式创新，扎实抓好县级融媒体中心建设。

这一系列重要政策与讲话精神将媒体融合的研究与实践向纵深推进，媒体融合已从最初的媒介本体拓展到媒介经济、政治、文化等更广阔的视野与空间，其范畴、动因与制约因素、路径与趋势、理论体系建构成为媒体融合研究的聚焦点。在这一大背景下，作为报业等传统媒体，如何实现媒体融合的目标，选择什么融合路径，各融合路径间逻辑关系如何，就成为业界和学界重要的研究和探索课题。

第二节 研究目的与意义

一、研究目的

当前，传统媒体，特别是报业，面临着新媒体日趋激烈的竞争，其传统市场优势逐渐被新媒体蚕食已成为现实。面对这一严峻形势，传统媒体如何转型、如何制定发展战略、如何与新兴媒体融合成为其持续发展亟须解决的问题。同时，通过近些年国家的政策支持，大部分传统媒体均集聚了大量的社会资源，并完成了一定的资本原始积累，如何整合这些社会资源和经济资本推动其转型发展成为传统媒体需重点思考的问题。由于我国很多报业采取的是“事业单位企业化运营”的管理体制，大部分报业尚未真正“转企改制”，产权非明晰化和股权结构不合理的问题导致其难以成为真正的市场主体，更难以真正具备“自主能力”，市场度不高。而传媒复合型经营管理人才的缺乏，也日益成为制约传统媒体发展的瓶颈。

媒体的特殊性使其不同于普通企业，处于当前文化体制改革关键时期的报业，转企改制、集团化发展、市场转型、多元化战略等经营管理问题亟须相应的理论支持与指导。同时，由于媒体经营管理研究属于应用性非常强的学科领域，国内目前亦无太多成熟模式可鉴，国外成熟的媒体企业发展模式由于国情不同亦无法完全移植。

因此，本研究旨在以中国报业为代表的传统媒体的媒体融合进程为案例，运用相关理论与分析工具，通过对我国传统媒体推进媒体融合的路径进行研究，探讨在媒体融合上升为国家战略的大背景下，传统媒体该如何选择媒体融合路径以适应形势发展实现最终的融合目标，以期为中国报业乃至我国传统媒体在新形势下探索媒体融合路径、实现战略转型提供借鉴与指引，并为我国媒介经营管理理论体系的构建提供借鉴。

二、研究意义

本研究对我国实现新常态下建成新型媒体集团、打造新型主流媒体和构建立体多样、融合发展的现代传播体系的媒体融合战略目标具有重要战略意义，对切实提高党的新闻舆论传播力、引导力、影响力、公信力和重构舆论引导新格局具有重要参考价值。通过研究，深入探索中国报业在新时代的经营管理理论并付诸实践，对构建媒体经营管理理论体系和提升我国传媒行业的整体发展水平将具有重要的理论和现实意义。

三、拟解决的主要问题

根据当前传统媒体所处的时代背景及本研究的目的，主要解决以下问题：

（一）媒体融合已上升为国家战略，那么推进媒体融合有哪些具体路径可选？

（二）各路径内在动力机制是什么？有何逻辑关系？我国传统媒体成功推进媒体融合的必由路径是什么？

（三）未来媒体融合的主要发展方向和趋势是什么？

第三节 研究思路与方法

一、研究思路

本研究以中共中央“8・18”关于媒体融合的指导意见为切入点，沿着“提出问题—分析问题—解决问题”的思路进行研究设计。课题针对中国报业目前面临的困境以及媒体融合上升为国家战略的大背景，提出“实现媒体融合目标的具体路径是什么”的命题。通过对国内外关于媒体融合研究的理论成果进行文献研究，梳理出媒体融合的核心影响要素和路径发展方向，并对我国传统媒体的媒体融合现状和路径探索进程进行宏观和微观分析。在此基础上，选取中国报业媒体融合进程中处于不同阶段与发展水平的典型案例进行实证研究，进一步考察不同媒体的媒体融合路径，并运用新制度经济学理论进行剖析，以期厘清我国传统媒体的媒体融合具体备选路径并给出路径选择建议。通过理论与实践的回顾、量化与质性分析，对融合路径进行多角度论证，以期在理论与实践上实现以中国报业为代表的传统媒体媒体融合路径的新突破，全面重构我国传播新格局，实现现代传播体系的构建。

实证研究主要步骤：

第一步：选取中国报业整体发展状况和国内 GD 传媒集团、人民日报、浙报传媒作为研究样本；

第二步：具体分析中国报业面临的机遇与挑战，媒体融合具体路径举措，包括公司治理结构、融合战略、市场运营与盈利模式、资本运营策略及运营绩效等；

第三步：通过以上分析，运用有关理论和工具对我国报业媒体融合的整体现状、发展前景和思路进行剖析，在此基础上，对不同报业媒体的媒体融合路径进行重点、深入研究，归纳、提炼出媒体融合备选路径及给出路径选择建议，预测媒体融合未来的发展趋势，形成研究成果。

具体研究思路如图 1－2。

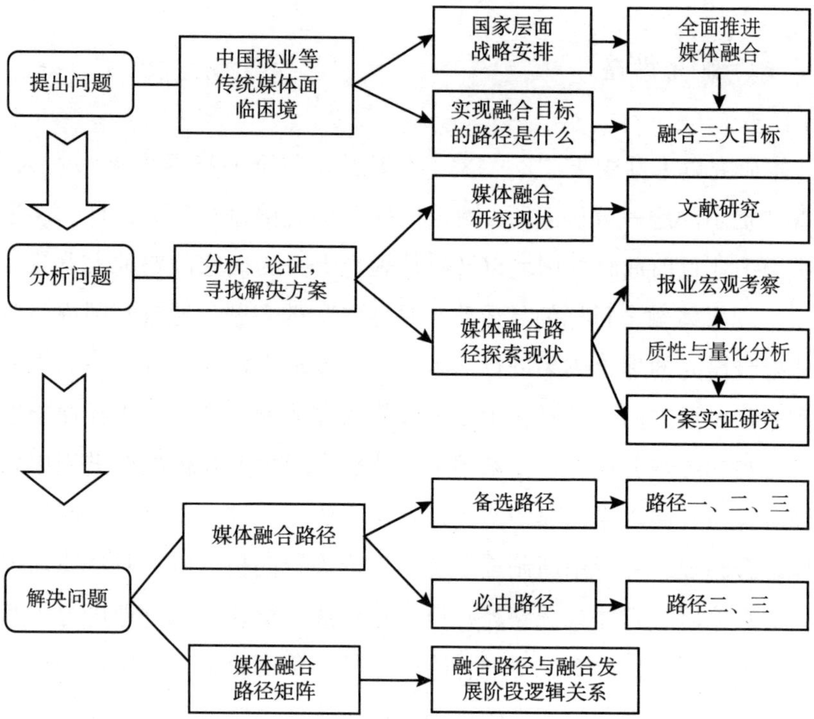

图 1－2　研究思路

二、研究方法

（一）文献研究法

本研究通过检索和阅读国内外有关媒体融合的专著、研究成果，并对这些研究成果进行分析、总结，对媒体融合、技术、资本、制度等重要概念进行界定，对媒体融合的研究动态和趋势进行全面梳理与把握，以期对媒体融合的路径趋势形成总体判断。

（二）案例研究法

本研究以 GD 传媒集团、浙报传媒、人民日报作为研究案例，分析其媒体融合路径对媒体发展的作用与影响等，以期为中国报业媒体融合路径的探索与选择提供依据。

（三）实证研究法

本研究通过案例数据，运用实证研究法考察不同媒体在媒体融合进程中的路径选择，揭示各路径对传媒企业在媒体融合进程中的绩效和影响程度，并探讨其内在规律。

第四节 主要理论框架和分析工具

一、理论资源

一些经济学理论对我国当前的经济发展具有良好的解释力，作为发展中国家，我国经济发展历程也为一些经典经济理论提供了良好研究土壤。西方新古典经济学理论认为经济增长的主要影响因素是要素投入和技术进步，要素投入中的资本则是重要生产要素；而新制度经济学一改这一研究传统，认为制度才是经济发展的根本性因素。① 因此，从西方经济学理论的角度看，技术、资本与制度均是推动经济发展的重要因素，基于西方经济学构建的分析框架应具有较好的解释力与可操作性。

（一）相关概念界定

1. 技术定义

我国改革开放的总设计师邓小平在 1978 年 3 月 18 日的全国科学大

① 卢现祥、朱巧玲：《新制度经济学》，北京大学出版社 2012 年版，第 407 页。

会上指出，科学技术是生产力①，1988 年 9 月他进一步指出，科学技术是第一生产力。② 他的这一论断是基于中国历史发展状况所得出的马克思主义科学结论，从他的这一论断也可以看出技术在经济社会发展中的基础促进作用。《现代汉语词典》（第 6 版）对技术的定义是“人类在认识自然和利用自然的过程中积累起来并在生产劳动中体现出来的经验和知识，也泛指其他操作方面的技巧”。③ 技术在不同历史阶段包含不同的具体内容，在本研究中主要指信息技术。对于技术对经济发展的作用，曾有“技术决定论”和“制度决定论”的争论，在本研究中，我们不去探究它们作用孰大孰小的问题，而是引入技术这个变量，对我国转型中的传媒产业融合进程进行分析，以期寻找发展的路径。

2. 资本的概念界定

资本是经济学中的一个有着较长历史的核心词汇，不同的经济学者在不同的经济学书籍中对资本有着不同的具体定义，同时资本的内涵也随历史的演进和经济的发展不断丰富。从经济学的渊源看，资本的概念大致可分为西方经济学对资本的定义和马克思政治经济学对资本的定义。

亚当·斯密（Adam Smith，1776）认为资本是为了获得收入的资产，分为流动资本和固定资本。④ 英国古典经济学家诺斯（Douglass C. North）第一次明确提出资本的概念，他指出资本是能够达到增值目的的货币，因此，在古典经济学家看来，资本是除劳动和土地以外的一切生产性物质资源，属于物的性质。⑤ 新古典经济学家庞巴维克（Eugen Bohm－Bawerk，1889）认为，“一般说来，我们把那些用来作为获得财货手段的产品叫作资本。”⑥ 经济学家约瑟夫·熊彼特（Joseph Alois

① 邓小平：《邓小平文选》（第二卷），人民出版社 1994 年版，第 87 页。

② 邓小平：《邓小平文选》（第三卷），人民出版社 1993 年版，第 274 页。

③ 中国社会科学院语言研究所词典编辑室编：《现代汉语词典》（修订本），商务印书馆 1996 年版，第 598 页。

④ ［英］亚当·斯密：《国富论》，唐日松等译，华夏出版社 2005 年版，第 204 页。

⑤ 张富春：《资本与经济增长》，经济科学出版社 2000 年版，第 26～27 页。

⑥ ［奥］庞巴维克：《资本实证论》，陈端译，商务印书馆 2009 年版，第 65 页。

Schumpeter，1911）认为，资本是“任何时候都可以转交给企业家的一宗支付手段的数额”，“资本也是一种工具，用它可以把生产因素转用新用途或引向新的生产方向”，“资本是一种独立的因素”，其唯一目的是购买生产品，是技术意义上的用于生产的手段。[①] 美国经济学家萨缪尔森（Paul A. Samuelson，1985）认为资本是一种不同于土地和劳动等“初级生产因素”的“资本品”，是另一种生产因素，这种“资本品”是用来作为投入因素以便进一步生产的物品。[②] 西方经济学对资本概念的界定是随着资本主义生产方式大规模出现而逐渐清晰、成型的，他们认为资本是为获得社会产出的一种投入，从根本上来说，资本还是一种物的概念。

马克思（Karl Heinrich Marx，1867）对资本进行了深入研究，他指出，资本不是物，而是生产关系，[③]“资本是生产工具，是过去的、客体化了的劳动”[④]，“资本是资产阶级社会的支配一切的经济权力”。[⑤] 在马克思看来，资本不但具有自然属性，更具有社会属性。自然属性表现为资本具有价值性、增值性、运动性和积累性；社会属性表现为资本所有权问题，在资本主义社会，资本属于资本家所有并以此获得资本收益和剩余价值。

西方经济学对资本的研究范畴侧重于探讨物与物的关系，而马克思对资本的研究侧重于资本主义背景下人与人之间的关系。结合两者的研究，我们应从两个方面理解资本：一方面，资本作为一种物质性经济资源，能通过生产获得增值，是一种生产因素，因而属于生产力范畴；另一方面，资本是在一定的历史背景下的产物，资本主义、社会主义都有资本，所体现的是在其所处社会历史条件下人与人之间的关系，即所有

① ［美］熊彼特：《经济发展理论》，孔伟艳等译，北京出版社 2008 年版，第 67 ~ 71 页。

② ［美］保罗·A. 萨缪尔森、威廉·D. 诺德豪斯：《经济学》（第 12 版），高鸿业等译，中国发展出版社 1992 年版，第 88 页。

③ 《马克思恩格斯全集》第 30 卷，人民出版社 1995 年版，第 509 ~ 510 页。

④ 《马克思恩格斯选集》第 2 卷，人民出版社 1995 年版，第 3 页。

⑤ 《马克思恩格斯选集》第 2 卷，人民出版社 1995 年版，第 25 页。

权归属问题和对资本的支配权。因此，资本的物质属性和社会关系属性说明资本是物质和社会关系的结合体。

3. 制度概念界定

技术可以改良自然资源、推动社会经济的发展，而制度“对于社会资源的配置效率起着根本性的动因作用”和“对社会的发展起着决定性的作用”。[①] 旧制度经济学派的代表人物康芒斯（John R. Commons, 1934）认为，制度是交易运行中的机构和家庭、行会、国家及维持运行的业务规则，是集体行动对个人行动的控制。[②] 新制度经济学派的代表人物诺斯则认为，制度是“收入分配之间的过滤器”，是“一系列被制定出来的规则、守法程序和行为的道德伦理规范”[③]。制度由国家规定的正式约束和社会认可的非正式约束以及实施机制构成，正式约束是指人们有意识创造的一系列政策法则，而那些在人们的长期交往中无意识形成的、具有持久的生命力并构成世代相传的文化传统则属于非正式约束，实施机制则是为保证契约的实施而建立的强制性措施。[④] 结合国内外学者对制度的定义，基于本研究的对象与目的，这里重点探讨的是媒介制度，即规范、管理、规制处于社会环境中的媒介组织及媒介运行的法律、法规、规章、条例、文件和非正式约束规则。制度有宏观与微观两个层面，本研究所探讨的更多的是指宏观即政府规制层面的制度。

（二）新制度经济学理论

新制度经济学由科斯（Ronald H. Coase）、诺斯为代表的新制度经济学派所创立，是用经济学的方法研究制度的经济学。新制度经济学的研究目标是基于制度演进的背景，研究人们如何在现实世界中作出决定，

---

① 汪洪涛：《制度经济学：制度及制度变迁性质解释》（第二版），复旦大学出版社 2009 年版，第 19～20 页。

② ［美］康芒斯：《制度经济学》，赵睿译，华夏出版社 2013 年版，第 61～62 页。

③ ［美］道格拉斯·C. 诺思：《经济史中的结构与变迁》，陈郁、罗华平等译，上海三联书店、上海人民出版社 1994 年版，第 225～226 页。

④ 李飞：《诺斯〈制度、制度变迁与经济实绩〉介绍》，载于《经济社会体制比较》1992 年第 2 期。

并在此基础上进一步探究这些决定是如何改变世界的[①]。交易费用理论、产权理论和制度变迁理论是新制度经济学的重要组成部分。

交易费用思想源于科斯，理论成型于威廉姆森（Oliver Eaton Williamson）。科斯（1960）在其《社会成本问题》一文中明确提出了市场交易成本的概念，他认为交易成本包括发现交易对象、缔结契约、督促契约履行等费用。[②] 科斯关于交易费用的创造性研究使新古典经济学的零交易费用假设回归到现实生活中的正交易费用，因为实际的经济环境中零交易费用是不存在的，现实世界中的交易总是存在各种"摩擦"。威廉姆森把交易成本规定为利用经济制度的成本。[③] 威廉姆森认为受到限制的理想思考、资产专用性和机会主义这三个因素使交易费用产生。同时，威廉姆森认为交易费用分为两部分，一是事先的交易费用，二是签订契约后为保证合同履行所花费的费用。张五常认为交易费用的存在会减少交易量、影响资源使用的边际等式和使用的密集度以及合约安排。[④] 交易费用理论是产权理论和制度变迁理论的基础，产权制度安排和制度变迁都是建立在交易费用不为零基础上的。

产权制度是制度中最重要和最基本的制度，按照产权经济学的观点，只要存在交易费用，产权制度就对生产和资源配置产生影响。[⑤] 产权制度分析最重要的应用领域就是对企业制度进行分析。产权理论的集大成者德姆塞茨（Harold Demsetz，1967）认为，产权是一种社会工具，

---

① ［美］道格拉斯·C. 诺思：《经济史中的结构与变迁》，陈郁，罗华平等译，上海三联书店、上海人民出版社 1994 年版，第 1 ~ 2 页。

② ［美］R. 科斯：《社会成本问题》（1960），载于 R. 科斯、A. 阿尔钦、D. 诺思著：《财产权利与制度变迁——产权学派与新制度经济学派译文集》，刘守英等译，上海三联书店 2003 年版，第 20 页。

③ 汪洪涛：《制度经济学：制度及制度变迁性质解释》（第二版），复旦大学出版社 2009 年版，第 49 页。

④ 张五常：《交易费用、风险规避与合约安排的选择》（1969），载于 R. 科斯、A. 阿尔钦、D. 诺思著：《财产权利与制度变迁——产权学派与新制度经济学派译文集》，刘守英等译，上海三联书店 2003 年版，第 149 ~ 150 页。

⑤ 卢现祥：《西方新制度经济学》，中国发展出版社 2003 年版，第 153 页。

能帮助形成交易时的合理预期并通过社会的法律、习俗和道德得以表达；产权包括一个人或其他人受益或受损的权利。[①] 因此，产权是指由于物的存在及关于对物的使用所引起的人们之间的行为关系。[②] 阿尔钦（Armen Albert Alchian）将产权分为私有产权、政府产权、非实在产权和共有产权，[③] 产权具有"完备性与残缺性""排他性与非排他性""明晰性与模糊性""实物性与价值性""可分割性、可分离性与可转让性""延续性和稳定性"等特征，[④] 这为我们分析产权制度提供了一个借鉴框架。

科斯（1960）认为，经济制度的运行效率受合法权利的初始界定的影响，对权利的调整会比进行其他调整安排产生更多的产出，"采用一种替代性的经济组织形式能以低于利用市场时的成本而达到同样的结果，这将使产值增加。"[⑤] 按照科斯定理，清晰界定产权有助于降低交易的成本，提高效率，在交易费用为正的情况下，资源的最终配置受到可交易权利的初始安排的影响。[⑥] 而诺斯认为，产权的改善能增强人们将资源用于促进生产力的意愿，一个好的产权制度可以使技术变化更快。[⑦]

制度是有高效制度与低效制度之分的，一种没有效率的制度必定会被高效的制度所替代，制度变迁是一种高效率的制度对低效率制度替代的过程。制度变迁理论是诺斯与其同事们研究的结晶，正如诺斯所说，

---

① ［美］H. 登姆塞茨：《关于产权的理论》（1967），载于 R. 科斯、A. 阿尔钦、D. 诺思著：《财产权利与制度变迁——产权学派与新制度经济学派译文集》，刘守英等译，上海三联书店 2003 年版，第 97～98 页。

② 卢现祥、朱巧玲：《新制度经济学》，北京大学出版社 2012 年版，第 115 页。

③ ［美］A. 阿尔钦：《产权：一个经典注释》，载于 R. 科斯、A. 阿尔钦、D. 诺思著：《财产权利与制度变迁——产权学派与新制度经济学派译文集》，刘守英等译，上海三联书店 2003 年版，第 166～178 页。

④ 卢现祥：《西方新制度经济学》，中国发展出版社 2003 年版，第 165～171 页。

⑤ ［美］R. 科斯：《社会成本问题》（1960），载于 R. 科斯、A. 阿尔钦、D. 诺思著：《财产权利与制度变迁——产权学派与新制度经济学派译文集》，刘守英等译，上海三联书店 2003 年版，第 20～21 页。

⑥ 卢现祥、朱巧玲：《新制度经济学》，北京大学出版社 2012 年版，第 139～142 页。

⑦ H. 德姆塞茨：《经济发展中的主次因素》，载于科斯、诺思、威廉姆森：《制度、契约与组织——从新制度经济学角度的透视》，刘刚等译，经济科学出版社 2003 年版，第 92 页。

假如预期的净收益超过预期的成本，就会创新一项制度安排。[①] 他认为，制度变迁来源于相对价格和偏好的变化，它是一个演进的过程，其代理人是个别企业家。相对价格的变化改变了人们的激励结构，从而导致重新缔约的努力，并逐渐改变人们的行为方式，引起偏好的变化。相对价格的变化包括要素价格比率、信息成本、技术的变化等，[②] 弗农·拉坦（Vernon Rutton）认为，法律、商业、社会服务等社会科学知识的进步引起了制度变迁供给的转变，而与经济增长相关联的技术变迁和要素、产品的相对价格的变化则引起了制度变迁需求的转变。[③] 与技术变迁的轨迹依赖一样，制度变迁具有强烈的路径依赖。诺斯认为，一种独特的发展轨迹建立以后，一系列外在性的组织主观模型和学习过程都会加强这一轨迹；同时，在市场不完全、组织无效的情况下，在起始阶段带来报酬递增的制度一旦阻碍生产活动的发展，便会产生一些利益集团，这些集团会加强现有制度，使这种无效的制度变迁轨迹持续。[④]

林毅夫指出，强制性制度变迁和诱致性制度变迁是制度变迁的两种类型。强制性制度变迁是由政府通过命令和法律以及法律引入来强制实施。诱致性制度变迁指现行制度安排的替代或变更由个人或一群人在响应获利机会时自发倡导、组织和实行，诱致性制度变迁是由于在原有制度安排下无法继续获利引起的。[⑤] 制度变迁有多种模式，有持续（演化性）变迁模式，有非持续（间断均衡的、间断演化的）变迁模式，还有

① ［美］L. E. 戴维斯、D. C. 诺思：《制度变迁的理论：概念与原因》，载于 R. 科斯、A. 阿尔钦、D. 诺思著：《财产权利与制度变迁——产权学派与新制度经济学派译文集》，刘守英等译，上海三联书店 2003 年版，第 274 页。

② 李飞：《诺斯〈制度、制度变迁与经济实绩〉介绍》，载于《经济社会体制比较》1992 年第 2 期。

③ V. W. 拉坦：《诱致性制度变迁理论》，载于 R. 科斯、A. 阿尔钦、D. 诺思著：《财产权利与制度变迁——产权学派与新制度经济学派译文集》，刘守英等译，上海三联书店 2003 年版，第 328 页。

④ 卢现祥：《西方新制度经济学》，中国发展出版社 2003 年版，第 90 页。

⑤ 林毅夫：《关于制度变迁的经济学理论：诱致性变迁与强制性变迁》（1989），载于 R. 科斯、A. 阿尔钦、D. 诺思著：《财产权利与制度变迁——产权学派与新制度经济学派译文集》，刘守英等译，上海三联书店 2003 年版，第 384 页。

循环变迁模式。持续变迁模式认为制度变迁是一个和缓与渐进的过程，而非持续性变迁模式则认为制度变迁具有不同特点，包括从一种制度安排向另一种制度安排剧烈转型。[①]

二、主要理论框架

回顾我国传统媒体的历史进程，发现技术扮演了重要的角色，制度变迁的烙印始终深深地嵌入传统媒体的发展历程。显然，传统媒体的转型发展、媒体融合战略的推进，必须从制度层面进行分析，寻找其逻辑起点与发展路径。新制度经济学一改新古典经济学将制度作为固定不变的因素的传统，认为制度是推动经济发展的重要力量，而这一研究范式正好切合了处于转型变革时期的中国对制度供需分析的迫切需求。中国传统媒体的转型是置于中国经济转型发展和文化体制改革的大背景下进行的，从一定程度上说，中国传统媒体的发展历程也是中国经济转型路径的缩影。因此，运用新制度经济学的理论对我国传媒转型进程进行分析具有较好的理论切合度、解释力及可操作性，能为我国纷繁复杂的传媒改革进程提供理论上的指导与借鉴。

在我国传媒产业中，存在两大市场主体，一是传统媒体，二是新兴媒体，而新兴媒体又细分为国有体制内的新兴媒体和国有体制外的商业性新兴媒体，体制内的新兴媒体基本依附于传统媒体之下，体量较小。两大市场主体面临的资源与制度供给是不一样的，具有明晰的技术、资本、制度区隔，界线分明。而作为传统媒体，互联网自进入人们日常生活伊始就探索媒体融合的路径，但总体而言，媒体融合的效果并不明显，而低效率的制度是制约其发展的重要原因。在当前传统媒体面临生存危机的大背景下，推进与新兴媒体融合成为国家层面的战略。在融合

① ［美］约翰·L. 坎贝尔（John L. Campbell）：《制度变迁与全球化》，姚伟译，上海人民出版社 2010 年版，第 33 页。

进程中，传统媒体无论在体制内还是体制外实施与新兴媒体的融合均面临技术瓶颈的制约和资本要素投入的限制，而尽管向体制内融合管制已逐渐放开，国家层面已构建了一定的制度环境，但向体制外融合还是面临制度供给的不足。因此，传统媒体融合路径的探索，其实就是突破技术路径依赖与制度路径依赖实现制度创新，并通过资本要素的投入实现成功融合的过程。

本研究以新制度经济学中的产权理论和制度变迁理论为基本理论工具，构建了以传媒市场格局为横向空间维度、以媒体融合发展历史进程为纵向历时性维度、基于新制度经济学的理论分析框架，以期运用该框架就媒体融合路径的探索与选择进行理论与实践层面的研究。参见图 1 -3。

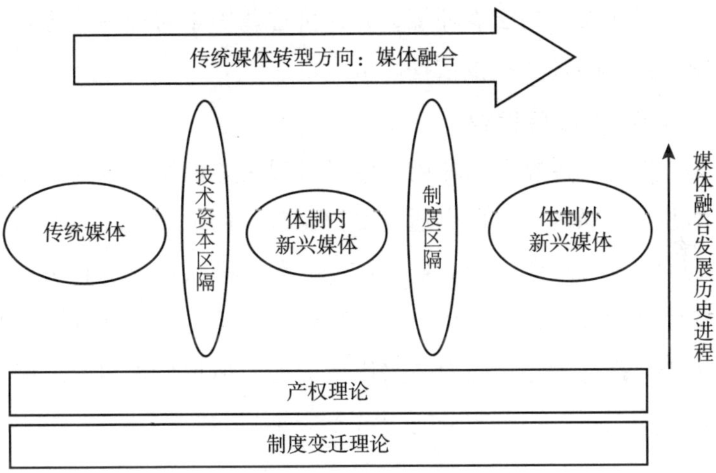

图 1 -3　理论分析框架

三、主要分析工具

（一）产品生命周期理论

产品生命周期（product life cycle）理论是美国哈佛大学教授雷蒙德·弗农（Raymond Vernon）1966 年在其《产品周期中的国际投资与国际贸

易》一文中研究国际投资、国际贸易和国际竞争时首次提出的。[①] 该理论将产品的周期划分为新产品创新（New Product）阶段、产品成熟（Maturing Product）阶段和产品标准化（Standardized Product）阶段。1982 年，戈特（M. Gort）和克莱伯（S. Klepper）在对 46 个产品最多长达 73 年的时间序列数据进行分析的基础上，按产业中的厂商数目将产品生命周期划分为引入、大量进入、稳定、淘汰和成熟五个阶段。[②] 本研究拟运用该理论从历时性的视角对中国报业所处的发展阶段进行分析、判断，从而全面考察媒体融合路径探索进程中所面临的困境与机遇。

（二）PEST 分析法

本研究拟使用管理学基本分析工具——PEST 分析法从政治、经济、社会和技术四个方面对中国报业媒体融合的外部环境进行分析，从总体上把握中国报业发展的宏观环境，并评价这些因素对媒体融合的影响程度，为融合路径的选择提供依据。

（三）SWOT 战略模型

为进一步考察传媒生态环境对传媒微观主体的影响，探索制约传媒机构媒体融合的原因，本研究通过安德鲁斯（Kenneth R. Andrews）所建立的“SWOT 战略模型”[③] 对媒介生态环境及资源状况进行分析，研究在新兴媒体日益侵蚀传统媒体市场的形势下，传统媒体如何充分发挥既有核心优势，弥补劣势，应对新兴媒体威胁，抓住发展机会，全面推进媒体融合。

---

① Vernon R. International Investment and International Trade in the Product Cycle, Quarterly Journal of Economics, 1966, 80 (2): 190 – 207.

② Gort M, Klepper S. Time Paths in the Diffusion of Product Innovation, The Economic Journal, 1982, 92 (367): 630 – 653.

③ SWOT（Strenths、Weaknesses、Oportunities、Threats）战略模型由安德鲁斯建立，参见项保华、李庆华《企业战略理论综述》，载于《经济学动态》2000 年第 7 期。

第二章

媒体融合研究综述

与传播学研究兴起于西方并由此引入我国的发展路径一脉相承，对媒体融合的研究最早也是开始于西方，在我国一些学者的积极推动下引入我国，逐渐成为热门研究领域并取得了丰硕成果。理论研究源于实践，与众多学科一样，媒体融合理论探索也源于传媒实践，从美国的“坦帕新闻中心”到我国的“南都全媒体”，无不印证着这一发展逻辑。实践与理论的互动，推动着这一研究领域向纵深发展，虽然目前这一领域的研究成果尚未上升到理论建构的层面，但也已经基本完成了理论建构的基础铺垫，该领域的研究已从最初的媒介本体拓展到传媒经济、政治、文化等更广阔的视野与空间，为我国业界实践提供了良好指导，为学界理论探索打下了坚实基础，并不断引领着行业前行。

第一节　媒体融合研究回顾

一、媒体融合的概念

（一）国外研究对媒体融合的定义概览

据国外学者研究，拉丁语“convergere”是“融合”一词的来源，意思是“走到一起”。[①] 而媒介（media）一词直到19世纪中后期才与传播技术关联在一起，并逐渐有了传播的载体、渠道、手段的含义。[②]

“media convergence”一词最早来自美国的普尔（Ithiel de sola Pool）教授，他在《自由的技术》一书中提出“模式融合”。[③] 美国的尼古拉斯·尼葛洛庞帝（Nicholas Negroponte）也是较早对融合进行预测的学者，他指出“计算机业”“广播电视业”和“印刷出版业”将在数字化浪潮下呈现交叠重合的发展趋势。[④]

不同的学者通过研究和实践给融合下了不同的定义，不同国家、不同文化下融合的定义也有很大不同，同时其定义也受数字技术、法律和经济因素的影响。[⑤] 近几年来，侧重于新闻领域的融合研究已显著增多，但没有一致公认的媒体融合定义，媒体融合被认为是影响媒体系统在技术、专业、结构和运作等方面形成不同传播规模的一种现象。[⑥] 也有仅从新闻内容生产角度对媒体融合进行定义的，认为媒体融合是报纸、广播和电视进行媒介内容生产时与计算机、信息技术和通信网络发生交互而产生的一种现象。[⑦]

莱文森（Paul Levinson）认为，媒体融合是传播系统和媒介向更大的人性发展的运动。媒介会越来越具有人类传播的形态，并不是随意地衍化，而是会向着人类的功能和形态演进。[⑧]

---

① Kopecka - Piech K. Media Convergence Concepts. Media Studies, 2011, 46 (3): 1 - 19.

② Guillory J. Genesis of the Media Concept. Critical Inquiry, 2010, 36 (2): 321 - 362.

③ Pool I S. Technologies of Freedom. The Belknap Press of Harvard University Press, 1983: 27 - 28.

④ Appelgren E. Convergence and Divergence in Media: Different Perspectives, 8th ICCC International Conference on Electronic Publishing Brasilia - DF, Brazil, June 2004: 237 - 248. http://elpub.scix.net/data/works/att/237elpub2004.content.pdf.

⑤ Şuţu R M. Convergence, the New Way of Doing Journalism. Romanian Journal of Journalism & Communication, 2011, 6 (1): 48 - 49.

⑥ José A. García - Avilés, Kaltenbrunner A, Meier K. Media Convergence Revisited. Journalism Practice, 2014, 8 (5): 573 - 584.

⑦ Rodica M Şuţu. The influence of New Technologies on Journalism Practices. Romanian Journal of Journalism & Communication, 2015, 10 (2): 25 - 32.

⑧ 付晓光、田维钢：《媒介融合的前世、今生和未来——美国著名媒介理论家保罗·莱文森访谈》，载于《现代视听》2011年第12期。

文化融合研究的先驱亨利·詹金斯（H. Jenkins）将媒体融合定义为一个用以描述技术、产业、文化和社会变迁的词。[①] 他指出，媒体融合包括经济融合、文化融合、技术融合、社会或机构融合、全球融合五个层面。[②] 美国学者纳齐森（Andrew Nachison）认为媒体融合是印刷、音频、视频和互动性数字媒体组织之间在战略、操作和文化层面的联合。[③]

对于媒体融合的概念，其他学者也从不同层面提出了看法。学者奎因（Steven Quinn）和文森特·菲拉克（Vincent Filak）教授经过争论对融合达成了一个简单的定义，认为融合就是用最合适的媒介陈述新闻故事。[④] 米克尔·赫塔（Meikle Geta）认为媒体融合可以从技术、产业、社会以及文本四个层面来认知。[⑤]

杜帕纳（M. Dupagne）和加里森（B. Garrison）认为可把媒体融合归纳成技术、经济、管理三个层面，并构造了一个模式图来描述媒体融合的过程及其影响。他们进一步认为经济层面的融合可以分为用户驱动和机构层面的融合两大类。[⑥]

美国密苏里大学新闻学院迈克·麦金（Mike Mckean）教授则认为，媒体融合的定义有三条线索可遵循：经济和运营目的、新闻报道方式、公众与媒介之间新的社会关系。[⑦]

瑞典延雪平大学媒体管理与传播中心教授露西·昆（Lucy Keung）

---

① Jenkins H. Welcome to Convergence Culture, Receiver, 2005, 12: 1 – 6.

② Jenkins H. Convergence? I Diverge. Technology Review, 2001 (6): 93.

③ 转引自徐沁：《媒介融合：新闻传播业的新趋势》，载于《东南传播》2008 年第 7 期。

④ Şuţu R M. Convergence, the New Way of Doing Journalism, Romanian Journal of Journalism & Communication, 2011, 6 (1): 49.

⑤ Meikle G, Young S. Media Convergence: Networked Digital Media in Everyday Life. New York: Palgrave Macmillan, 2012.

⑥ Dupagne M, Garrison B. The Meaning and Influence of Convergence: a Qualitative Case Study of Newsroom Work at the Tampa News Center. Journalism Studies, 2006, 7 (2): 237 – 255.

⑦ 付晓燕：《媒介融合下的美国新闻业和新闻教育变革——访美国密苏里新闻学院媒介融合项目创始人迈克·麦金教授》，载于《新闻与写作》2009 年第 8 期。

认为对融合现象这一术语的理解主要依赖于个体以及个体所处的环境。他从三个不同角度和环境来解读：基于网络，融合是不同类型信息通过统一平台交付受众；基于产品和服务，将融合现象看作普遍融合的工具，也就是设备的融合；基于产业部门，将融合现象看作是媒体、计算机产业和通信部门的产业融合。[①] 劳森（Lawson – Borders G.）认为媒体融合是传统媒体延伸至互联网和多种内容传送技术的混合。[②]

从国外学者的论述不难看出，他们所指的融合，不但是媒介形态的物理融合，而且包括媒介经济、政治和文化层面的融合，是一种广义的概念。也就是说，技术是媒体融合的起点，伴随技术进步，媒介形态、传播内容开始融合，组织、经济、规制和文化则是媒体融合的重要路径。

（二）国内研究对媒体融合的定义

1. 媒体融合研究的兴起

我国对媒体融合的研究始于 21 世纪初，从学者蔡雯正式将媒体融合概念从国外引入至今，也就十余年时间。但媒体融合之思想、对媒体融合发展趋势的研究，在 20 世纪 90 年代已有学者开始关注。

基于对新媒介本体的认识与争议，学者朱光烈 1994 年撰文认为信息高速公路的飞速发展将使现有的媒介化为乌有，专业新闻工作者也会消失。[③] 虽然这一观点有待商榷，但其认为媒介将向多样化、分散化和相互融合等方向发展的趋势判断得到了目前业界实践发展的验证。

1998 年，学者苏克军在研究当时刚兴起的信息高速公路——互联网时，认为随着信息高速公路的建成，相对于传统的点对面的“大众传播”，互联网将取代目前的各种媒介成为未来社会的主导媒介，媒介传

① Keung L. Strategic Management in the Media：from Theory to Practice. Los Angeles；London：SAGE，2008：92 – 94.

② Lawson – Borders G. Integrating New Media and Old Media：Seven Observations of Convergence as a Strategy for Best Practices in Media Organizations. International Journal on Media Management. 2003，5（2）：91 – 99.

③ 朱光烈：《我们将化为“泡沫”——信息高速公路将给传播业带来什么?》，载于《北京广播学院院报》1994 年第 2 期。

播将进入“后大众传播”时代。在“后大众传播”时代，将对大众传播进行本质的变革，形成自己的特征。在此基础上，他提出了“后大众传播”所具有的特征：媒体融合。这种融合有平面媒介与电子媒介的融合、个人媒介与大众传播媒介的融合等。①

此后，学者崔保国在探讨媒介变革趋势时也指出，信息技术正在把媒介推向融合，在信息技术创新与各种媒介不断走向融合的基础上，计算机系统、电信系统、广播电视系统和图文印刷系统出现了交叉、融合的趋势，因此，媒介变革呈现出融合与渗透、裂变的特征。②

2. 媒体融合的定义

对于媒体融合的定义，学界和业界均有不同表述与范畴界定。浙江大学邵培仁教授认为，媒体融合的定义可以从广义和狭义两方面理解。广义的媒体整合是指一切媒介及其有关因素的汇聚与融合。狭义的媒体整合是指将不同媒介形态融合在一起，由“量变”产生“质变”，形成一种新的媒介形态。③ 媒体融合的显著特点是各种边界的模糊，包括渠道界限、产业界限模糊、传受界限等。④

与其他学者不同，许志辉从经济学的角度对媒体融合的概念进行了阐释。他将产业经济学的理论与传媒产业自身特殊性相结合，认为媒体融合是在技术进步和规制放松的条件下，传媒产业内部各行业以及产业外部与其他产业之间经过技术、业务、市场等层面的融合后，使原有的产业边界和市场结构发生改变，“产生了全新的产品和市场需求，从而推动整个传媒产业向更为高级的产业形态演进”。⑤ 也就是说，在技术进

---

① 苏克军：《后大众传播时代的来临——信息高速公路带来的传播革命》，载于《现代传播》1998 年第 3 期。

② 崔保国：《技术创新与媒介变革》，载于《当代传播》1999 年第 6 期。

③ 邵培仁：《媒介理论前沿》，浙江大学出版社 2009 年版，第 62 页。

④ 韦路、鲍立泉、吴廷俊：《媒介技术演化与传播理论的范式转移》，载于《当代传播》2010 年第 1 期。

⑤ 许志辉：《媒体融合的经济学分析——探寻媒体融合的动因、路径及其效应》，北京师范大学博士论文，2011 年。

步与规制放松逻辑下，市场对媒介产生新的需求，从而带来媒介形态的更迭。

学者李丹林探讨媒介政策与法律问题时指出，媒体融合是指基于不同介质和传播技术使不同媒介之间实现业务、渠道、终端和市场融合。[①]

任何理论概念都有其核心研究范畴与内容。学者蔡雯、王学文认为，媒介内容融合、传播渠道融合和媒介终端的融合是媒体融合的三个核心内容，因此，媒体融合是指在以数字、网络和电子通信技术为核心的技术推动下，各产业组织在经济利益和社会需求的驱动下通过合作、并购和整合等手段，实现不同媒介形态在内容、传播渠道和媒介终端层面实现融合的过程。[②] 从两位学者的论述看，媒体融合是一个基于内容、渠道、平台融合的过程。

纵观近年来媒介发展研究进程，媒体融合基本与传媒转型联系在一起，媒体融合本质上是传播关系的转型。同时，提及媒体融合时也常与新媒体联系在一起。学者丁柏铨认为，媒体融合是媒介在新媒体及其他相关因素的促进下，各媒介之间在诸多方面相互交融而形成的状态。媒体融合是物质、操作和理念三个层面上的融合。物质层面的融合即工具层面的融合，得益于新媒体技术使传播功能互相交融、打通；传播业务和经营业务层面的融合则是操作层面的融合；理念层面的融合，即指意识层面的融合。[③]

基于对媒体融合的理解，徐沁认为媒体融合的演进是递进式、立体式的，媒体融合包括媒介功能、媒介形态、传播手段、资本所有权、组织结构等因素的融合。[④]

---

① 李丹林：《媒介融合背景下我国传媒政策与法律研究论纲》，载于《南京社会科学》2014 年第 2 期。

② 蔡雯、王学文：《角度 · 事业 · 轨迹——试析有关“媒介融合”的研究》，载于《国际新闻界》2009 年第 11 期。

③ 丁柏铨：《媒介融合：概念、动因及利弊》，载于《南京社会科学》2011 年第 11 期。

④ 徐沁：《泛媒体时代的生存法则——论媒介融合》，浙江大学博士论文，2008 年。

此外，也有学者使用媒介聚合的表述。[①] 同时，该学者反对将媒体融合神圣化、扩大化和万能化，主张将其限定在媒介新闻业务的聚合上才符合事物发展的内在规律和这一概念的科学内涵。[②]

3. 媒体融合概念评判

蔡雯和喻国明是我国较早对媒体融合进行研究的学者。蔡雯对媒体融合概念作出了较全面的阐释，通过对美国的媒介发展状况的考察，为国内的研究提供了重要的依据与借鉴；认为媒体融合的研究对象包括各种媒介的内部属性和外部环境，并涉及媒介机制、实际运营和新闻传播等各个方面。喻国明认为媒介一体化、功能一体化的趋势是媒介发展的必然结果。[③]

回顾我国学者及业界对媒体融合概念的阐释，大家各有侧重，但归纳起来主要从以下几个方面进行定义：一是从媒介本体物理形态的演变进行定义；二是结合媒介发展在社会经济中所起的作用及受其影响而进行界定；三是用一种宏观的视野，从媒介物理形态到媒介社会功能、媒介运营全方位进行定义。尽管既往研究尚未对媒体融合形成统一的定义，对媒体融合的界定范围还尚存争议，但已不妨碍后续研究者对该领域的客观认知，既有的研究成果亦已对媒体融合概念进行了全方位解读，已使人们对媒体融合概念有了整体认知。

综合既往研究者的成果及当下媒介发展动态，笔者认为，媒体融合是基于技术推动，在受众与市场的双重逻辑下，以媒介形态的演进、分化与聚合为路径，以媒介传播效应最大化为目标，媒介运营主体适应市场需求寻求生存与发展的一系列过程与结果。媒体融合既包括媒介物理形态的分化与聚合，又包括媒体资本、制度等因素的融合与渗透，因

① 南长森：《阅读识别身份：数字时代阅读方式变革与文化身份认同研究》，载于《新闻与传播研究》2010 年第 2 期，第 69 页。

② 南长森：《媒介融合本土化反思与评骘》，载于《编辑之友》2012 年第 8 期。

③ 朴银姬：《浅析媒介融合与融合媒介的差异——以日本媒介为例》，载于《新闻研究导刊》2013 年第 10 期。

此，对媒体融合概念的界定，应持一种广义、宏观的视野。

二、媒体融合的动因与制约因素

（一）学者对媒体融合动因的论述

媒介为什么要融合，奎因认为媒体中存在着商业观和新闻观。[①] 对于媒体融合，珍妮特·柯罗茨（Kolodzy Janet）认为新闻媒介所有权越来越集中、受众越来越细分决定了媒体融合。[②] 詹金斯（H. Jenkins）和德鲁兹（M. Deuze）也认为，传媒公司为了扩张其传播范围，通过合并、借用以及品牌和知识产权的融合来实现所有渠道的覆盖，[③] 也即媒体融合的原因是商业利益与传播需求双轮驱动的结果。

莱文森提出了“补救性媒介”概念，“媒介进化是一种系统内的自调节和自组织，其机制就是补救媒介，即后生的媒体对先有的媒介有补救作用。”[④]

露西·昆认为，互联网和万维网的出现、信息的数字化、计算机运算能力和带宽容量的提升、网络架构的标准化和开放性、网络外部性、媒介活动全球化及监管的放宽是引起融合现象的动力因素，这些因素相互交织，但单个因素是不起作用的，只有整合在一起才能发挥作用。[⑤]

纵观世界数次工业革命的历史，其主导诱因和推动力无不源自技术的力量。因此，对于媒体融合动因的探索，学者们的研究首先关注的就是技术。学者崔保国在探讨媒介变革时指出[⑥]，引起媒介相互融合、渗

---

① Quinn S. Convergence Fundamental Question, Journalism Studies, 2005, 6 (1): 29 - 38.

② Kolodzy J, Convergence Explained. //Grant E, Jeffrey S, Wilkinson. Understanding Media Covergence, Oxford: Oxford University Press, 2009: 31 - 51.

③ Jenkins H, Deuze M. Editorial: Convergence Culture, Convergence, 2008, 14 (1): 5 - 12.

④ ［美］保罗·莱文森著：《软利器：信息革命的自然历史与未来》，何道宽译，复旦大学出版社 2011 年版，第 3 页。

⑤ Keung L. Strategic Management in the Media: from Theory to Practice. Los Angeles; London: SAGE, 2008: 95 - 100.

⑥ 崔保国：《技术创新与媒介变革》，载于《当代传播》1999 年第 6 期。

透与裂变一系列变革的根本原因是信息传播技术的不断创新，技术创新是媒介变革的推动力和媒介变革的重要标志。信息处理技术、信息传播技术和网络技术是推动媒介变革的关键性技术，这些关键性技术把媒介推向融合，并引领着媒介变革的趋势。而移动和无线技术的发展则增加了媒体融合的形式，为多媒体信息的供应和消费创造了新的可能性，使用户可以在不同平台获取相同的信息和在同一时间使用不同的平台。①

除了技术因素以外，学者们也对其他因素进行了研究。黄金指出，新媒介的产生与普及存在经济因素主导、政治因素主导、技术因素主导和社会与文化因素主导四种动因模式，在媒体融合时代，经济因素和政治因素两种模式的表现更为突出。② 许志辉在探讨媒体融合的动因时认为，“技术进步、规制放松以及市场开放是媒体融合得以发生的三个条件性因素”。③ 肖叶飞在研究媒体融合与政府规制改革关系时指出，技术创新、企业内部因素和政府放松规制是媒体融合到产业融合演进的动因，共同推动了产业融合。④ 丁柏铨认为我国媒体融合的发展动因主要有四个因素，除了技术因素外，还有政治因素、经济因素和文化因素。⑤

刘婧一是较早专门阐释媒体融合动因的研究者，在《东南传播》中撰文指出，受众需求、技术发展、企业竞争需要和政策推动是媒体融合的重要驱动力，并对这四种因素的关系进行了阐述。⑥

基于整个传媒产业发展战略的思考，喻国明认为，伴随着数字化时代的到来，传媒市场价值的重构进入传媒发展的议程，在这一重构中，传媒市场存在的一个普遍问题就是任何一种媒介的单一市场价值正在衰

---

① Georgeta Drula. Media Convergence and Mobile Technology, Journal of Media Research, 2014, 3 (20): 47 - 71.

② 黄金：《媒介融合的动因模式研究》，中国人民大学新闻学院博士学位论文，2009 年。

③ 许志辉：《媒体融合的经济学分析——探寻媒体融合的动因、路径及其效应》，北京师范大学博士论文，2011 年。

④ 肖叶飞：《传媒产业融合与政府规制改革》，载于《国际新闻界》2011 年第 12 期。

⑤ 丁柏铨：《媒介融合：概念、动因及利弊》，载于《南京社会科学》2011 年第 11 期。

⑥ 刘婧一：《媒介融合的动力分析》，载于《东南传播》2007 年第 8 期。

减，也就是出现了传媒市场价值“碎片化”趋势。针对这一发展趋势，解决这一问题的基本战略就是通过媒介的组合和相关资源的结构性配置来寻求媒介价值的提升，从而使媒体融合趋势成为现实并成为融合的客观基础。[①] 也就是说，市场的需求也是媒体融合的重要动因。

从媒介产业的市场主体看，包括媒体（媒介）、受众和规制部门。针对这一市场主体，学者吴世文、谢湖伟认为，传统媒体、新媒体、管理服务部门、受众—用户这四类主体对媒体融合的需求加上新传播技术进步的推动，构成了媒体融合的基本动力。同时他们也指出，这四类主体提供的媒体融合的动力机制与媒体融合推进媒介发展、满足受众—用户需求的目标并不一致，造成了推进媒体融合的动力不足，因此，重中之重应是面向受众—用户需求进行媒体融合，这才是保障媒体融合取得成功的关键。[②]

许志辉在其博士论文中，对媒体融合的动因从微观、中观和宏观三个层面展开了论述。他认为，媒体融合有企业、市场和产业三个层面的动因。从企业层面看，媒体融合的微观动力来源于传媒企业外在的竞争压力和内在的对规模经济和范围经济的追求；从市场层面看，新媒体要求对原有的市场结构进行改良；从产业层面看，产业关联、产业吸引力和产业效益最大化是媒体融合的产业动因。[③]

（二）媒体融合的制约因素

媒体融合要顺利推进，制度是重要的保障与关键因素。庞亮、郭之恩认为，在各种限制性因素中，不能适应媒体融合发展现状和趋势的传统媒介规制是主要的阻力之一。从各国媒介管理的现状看来，媒介规制的变革是媒体融合的必要前提，同时，对规制理论和政策进行改革也是

---

① 喻国明：《关于当前中国传媒产业发展的战略思考》，载于《山西大学学报（哲学社会科学版）》2007 年第 1 期。

② 吴世文、谢湖伟：《媒介融合的多重逻辑及发展取向》，载于《青年记者》2015 年第 1 期。

③ 许志辉：《媒体融合的经济学分析——探寻媒体融合的动因、路径及其效应》，北京师范大学博士论文，2011 年。

媒介技术融合与市场、产业融合的内在要求。①

肖芃、蔡骐从社会变迁和社会互动的视角，梳理媒体融合进程中技术、经济、政治以及社会文化等相互交织的脉络对媒体融合变迁规律的影响。他们认为，科技因素只是考察媒体融合现象的一个维度，技术逻辑会受制于经济逻辑，经济因素才是媒体融合发展过程中起主导作用的力量，而政治因素对媒体融合进程产生导向作用。经济和政治两大因素既会推动媒体融合，又会阻碍发展。此外，传媒产业融合的文化隔阂等文化因素也会成为媒体融合的障碍。但最大的制约还是来自经济与政治两个层面，如面临盈利模式壁垒、规制壁垒和法律壁垒等。② 陈力丹、董晨宇也认为，虽然技术的优势造就了大规模内容生产的可能性，但资本上的劣势往往阻碍媒体融合的发展。③ 这是否也可认为是对经济制约因素的一个补充呢？

一些批判学者认为真正决定融合的是其背后深层次的意识形态。如德怀尔（Dwyer）认为，融合牵涉社会、文化与经济等因素。从这个角度看，"融合也是一个新的媒体意识形态，那就是，一种促进新自由主义全球市场的思维方式。"④

而印度学者斯米塔·米什拉（Smeeta Mishra）通过研究发现，由于印度印刷媒体蓬勃发展和互联网普及率相对较低，印度新闻记者对媒体融合缺乏热情，一些大的媒体公司中的资深新闻记者尤其如此，而收益模式的缺乏也是制约其媒体融合的重要原因。⑤

回顾学者们对媒体融合制约因素的研究，体制、法规、规制、政策

---

① 庞亮、郭之恩：《进程与变迁：基于媒介融合政策视角下的观察》，载于《现代传播（中国传媒大学学报）》2011 年第 11 期。

② 肖芃、蔡骐：《媒介融合：变迁的旋律》，载于《求索》2010 年第 10 期。

③ 陈力丹、董晨宇：《"融合"背景下的媒介传播趋势与手段》，载于《新闻传播》2010 年第 8 期。

④ Dwyer T. Media Convergence, New York: McGraw Hill/Open University Press, 2010: 124.

⑤ Mishra S. Media Convergence: Indian Journalists'Perceptions of Its Challenges and Implications, Convergence: The Journal of Research into New Media Technologies. 2016, 22 (1): 102 - 112.

等因素成为研究的高频词，也就是说，媒体融合最大的制约来自制度因素这一观点应该是取得了学者们的共识。陈昌凤、李宏刚指出，政策融合是媒体融合的前提，新媒体与传统媒体融合进程的快速推进，首先需要制度环境的保证，也就是政策层面的融合，而内部机制的改革对媒体融合成功与否具有决定性意义。[①] 蔡骐、肖芃也指出，中国语境下的媒体融合进程不仅依托于技术变迁和市场需求，政策规制的限制和放松也是媒体融合能否顺利推进的关键性因素。[②] 陈力丹、廖金英明确指出，要真正实现一体化的媒体融合，现有的体制必须打破。[③]

（三）媒体融合动因与制约因素评判

从学者们对媒体融合动因与制约因素的考察不难看出，媒体融合是多种因素共同推动的结果，同时也受多种因素制约。而作为推动媒体融合的原动力——技术的进步无疑是媒体融合得以推进的根本动因，这点应该取得了业界与学者的共识。而市场因素，包括媒介价值自我提升、受众需求、市场竞争需要无疑是媒体融合的助推剂。政府规制作为规范行业发展、指引行业发展方向的重要力量，其收紧与放松，无疑是媒体融合能否顺利推进的重要决定力量。因此，媒体融合的动因，可以从科技进步和媒介发展两个维度进行探究，“从科技发展的历史和媒介发展的现实两个维度考察我国媒体融合现象，可以看到，媒体融合的内在动因是媒介生态环境和媒介形态环境革命性、指向性变化，而外部力量是媒介产业的发展”。[④] 至于制约媒体融合的因素，在承认经济、文化对其制约的同时，体制、法规、规制、政策等制度应该是制约媒体融合的最

---

① 陈昌凤、李宏刚：《媒介融合：从政策到生产与消费的关系转型》，载于《新闻爱好者》2014 年第 10 期。

② 蔡骐、肖芃：《中国语境下的媒介融合》，载于《湖南师范大学社会科学学报》2010 年第 3 期。

③ 陈力丹、廖金英：《我国传媒产业将如何重新洗牌？——2014 年话媒体融合》，载于《广播电视信息》2015 年第 1 期。

④ 郑晓华：《我国媒介融合的内外动因解析》，载于《北京邮电大学学报（社会科学版）》2011 年第 3 期。

重要因素，也是决定和关键因素，这从目前我国媒体相关的政策、法规可见一斑。

三、媒体融合的模式与路径

美国西北大学教授里奇·戈登（R. Gordon）在《融合的含义与影响》一文中认为，融合的模式包含五个方面：策略的融合、所有权的融合、信息采集的融合、结构的融合、新闻陈述方式的融合。①

戴利（Dailey L.）等认为，媒体融合应建立以下阶段的流程：交互推广，各媒介相互利用对方的平台推广自己的内容；克隆，对信息伙伴的产品直接复制展示；竞合，与竞争对手合作；内容分享，伙伴们定期交流、沟通工作；完全融合，建立一个平台让各个伙伴共享。②

罗兰（Rolland A.）认为存在五个或六个融合的维度：服务融合、网络融合、终端融合、市场融合和价值创造，这几个维度是互动的。③

对媒体融合的模式，有学者通过中外媒体案例分析、比较，指出有两个截然不同的模式：一是我国报业以报纸为基础整合旗下主报和子报内容进行报网互动的模式，它保持了传统的报纸为网站提供内容的采编流程和组织结构；二是国外媒体以多媒体为基础的、实现包括电视、电台、报刊和网站资源共享、内容共享的跨传播渠道多平台融合模式，这一模式下采编部门是采用矩阵式的组织结构。随着国家行业管制的放松，我国媒体将有可能追随国外模式向多媒体跨传播渠道多平台融合方向发展。④

---

① Gordon R. The Meanings and Implications of Convergence. //Kawamoto K, ed., Digital Journalism: Emerging Media and the Changing Horizon of Journalism, New York: Rowman & Littlefield, 2003: 57-73.

② Dailey L, Demo L, Spillman M. The Convergence Continuum: a Model for Studying Collaboration Between Media Newsrooms. Atlantic Journal of Communication, 2005, 13 (3): 150-168.

③ Rolland A. Convergence as Strategy for Value Creation. International Journal on Media Management, 2003, 5 (5): 14-24.

④ Zhang S I. Newsroom Convergence Models of China's Beijing Youth Daily and Denmark's Nordjyske. Chinese Journal of Communication, 2009, 2 (3): 330 - 347.

许颖认为媒体融合是分层次、分阶段进行的过程，媒体融合包括媒介互动（媒体战术性融合）、媒介整合（媒体组织结构性融合）和媒介大融合。①

刘劲松等认为，媒体融合发生在四个层面，即技术融合和业务融合、组织和产权融合以及媒介产业融合。技术融合主要表现为媒体形态的变化，业务融合主要是引起组织管理的变化，组织和产权融合体现在媒体生态变化，而媒介产业融合主要体现在媒体业态的变化。② 也有学者从媒体融合的内涵与外延将其概括为除媒介技术、媒介业务和媒介所有权的融合外，还应包含媒介政府规制的融合。③ 朴银姬在考察了日本的媒体融合情况后得出结论，认为日本媒体融合有三个特点：信息内容的融合；媒介形态的结合，包括传统媒体与新媒体融合、新媒体间的结合、传统媒体间的合并等；传媒集团间的整合。④

朱春阳等学者认为，技术和制度层面问题是我国传统媒体所面临的挑战及造成国内目前产业格局的主要原因。技术革新、用户使用行为的挑战，造成读者流失和媒体营收下降，而由于中国传媒治理结构的特殊性造成了传统媒体与商业网站的制度基础与创新环境不对等，使人才、资本等因素的流通不畅、市场反应滞后。因此，我国传统媒体融合发展应走这两个路径：传统媒体集团内部的体制外转型，或者传统媒体与新媒体的合作创新。⑤

另一种“媒介融合”是社会形态的变化，即以数字技术为元技术平台，将不同维度上的媒介重新整合为一体，形成一个全球化的、涌动的

---

① 许颖：《互动·整合·大融合——媒体融合的三个层次》，载于《国际新闻界》2006 年第 7 期。

② 刘劲松、李明伟、黄玉波、王琛：《党报集团向现代传媒集团转型模式与战略》，中国传媒大学出版社 2013 年版。

③ 刘颖悟、汪丽：《媒介融合的概念界定与内涵解析》，载于《传媒》2012 年第 1 期。

④ 朴银姬：《浅析媒介融合与融合媒介的差异——以日本媒介为例》，载于《新闻研究导刊》2013 年第 10 期。

⑤ 朱春阳、张亮宇、杨海：《当前我国传统媒体融合发展的问题、目标与路径》，载于《新闻爱好者》2014 年第 10 期。

"网络社会"，而媒介组织就是这个网络中的一个节点。[①] 肖赞军在阐述中国传媒经营体制改革思路时指出，电信、广播电视和出版业三大传统媒体产业主要在内容、传输网络、接收终端三个环节趋于融合，这些环节的融合使传统媒介的封闭回路不复存在，原纵向一体化的结构裂变为横向一体化的结构。[②]

瑞士学者弗雷德里克·甘德尔斯韦勒（F. Gundelsweiler）和克里斯蒂安·菲尔克（Christian Filk）认为媒体世界正处在技术、内容和社会层面融合的转型进程中，过程可控的融合网络平台是未来多媒体平台的核心，而增强现实等技术的应用将消除我们社会数字化和非数字化的隔阂；未来印刷、广播和电视将实现融合，个人电脑和电视等将合并和发展成一个拥有令人难以置信的强大功能的设备，媒体内容和应用程序将出现在具有不同性能的互动显示器上。[③]

规制的融合是媒体融合的另一趋势。法律和规制的融合作为上层建筑的融合，旨在建立一个共通的规制框架。[④] 按所形成规制框架的融合程度，可分为部分融合和全面融合。[⑤] 布莱克曼（Blackman）认为在当前信息市场下，应重新设计新的规制框架，营造一个最能发挥新技术效率的竞争性市场的同时又对消费者和公共利益提供必要的保护。[⑥] 但是，从媒体实践来看，制度规范层面的融合也并不容易。美国 1996 年的电信法案和联邦通信委员会关于媒介所有权规定的修订，也只是局部调

---

① 黄旦、李暄：《从业态转向社会形态：媒介融合再理解》，载于《现代传播（中国传媒大学学报）》2016 年第 1 期。

② 肖赞军：《媒介融合背景下中国传媒经营体制改革研究》，载于《湖南商学院学报》2008 年第 6 期。

③ Gundelsweiler F, Filk C. Future Media Platforms for Convergence Journalisms, At the Interface/Probing the Boundaries. 2012, 83: 45 – 57.

④ Losifidis P. Digital Convergence: Challenges for European Regulation. Javnost – The Public, 2002, 9 (3): 27 – 47.

⑤ Garcia – Murillo M, MacInnes I. The Impact of Technological Convergence on The Regulation of ICT Industries. The International Journal on Media Management, 2002, 5 (1): 57 – 67.

⑥ Blackman C R. Convergence Between Telecommunications and other Media: How should Regulation Adapt. Telecommunications Policy, 1998, 22 (3): 163 – 170.

整，将平面媒介、电子媒介和其他传播手段融合成一个管理体系，目前还未见可行方案出台。

媒体融合的趋势与发展方向与信息技术的发展趋势是一脉相承的。陈力丹、董晨宇在论述媒介传播趋势时指出，媒体融合有三个趋势：一是内容融合，二是终端融合，三是网络融合。[①] 而邓瑜从媒介生态系统的五界划分视角，提出了媒体融合趋势的“五界融合”：内容系统融合、终端融合、网络融合、媒介规制融合及媒介主体身份融合。[②]

黎泽潮、刘传雷则从另一角度对媒体融合的趋势进行了论述。他们认为，媒介的发展正呈现出分化和融合的双重生态趋势，现在的媒体融合只是分众化传播的一个特殊时期，未来的媒体融合是“信息超市”，这种信息集中存储、分化传播、多媒体融合的“大媒体”形态将是媒体融合的必然趋势。[③]

与众多学者认为媒介发展方向是融合不同，加拿大学者伊安·安格斯（I. Angus）认为传媒业未来的趋势主要是分化而非融合，因为随着传播渠道的增加和数字技术的普及，受众的注意力呈分化趋势，信息平台越多，受众的注意力就越分散。[④] 当然，媒体融合特别是基于商业利益的融合也并非都达到了融合的目的。克特雷尔（S. Ketterer）等对两家曾是竞争对手但后来实现融合的报纸与电台进行了研究，结果发现双方的合作并没有达到预期的效果。[⑤] 2009 年美国在线（AOL）和时代华纳（Time Warner）宣布分离，导致双方近十年的融合并购宣告失败，也似乎从实践的层面印证了商业层面的融合也未必尽如人意。

---

① 陈力丹、董晨宇：《“融合”背景下的媒介传播趋势与手段》，载于《新闻传播》2010 年第 8 期。

② 邓瑜：《媒介融合的多维分析》，载于《现代传播》2011 年第 1 期。

③ 黎泽潮、刘传雷：《再谈媒介融合——基于媒介融合理论和现实的重新考量》，载于《河南工业大学学报（社会科学版）》2013 年第 1 期。

④ Angus I. Who Put the Con in Convergence? Business Communications Review，2002（3）：28.

⑤ Ketterer S，Weir T，Smethers J S，Back J. Case Study Shows Limited Benefits of Convergence. Newspaper Research Journal，2004（Summer），25（3）：52 – 65.

而迈克尔·诺尔（Michael A. Noll）认为，媒体融合只不过是一种被过度吹捧的幻想和神话。因为以前彼此界限分明的出版、广播、电视、电影、电信和互联网等信息产业如今界限日益模糊，其发展取决于技术、消费者需求、商业文化、政策控制、财政状况等多种因素。[①]

赵星耀通过对国内外学者的研究，指出国内学者对传媒未来的发展趋势的论断主要有四种[②]：一是绝对融合论，代表学者有高钢[③]、邓建国[④]；二是绝对分化论，代表学者有陈国权[⑤]；三是先合后分论，代表学者有彭兰[⑥]；四是竞合螺旋论，代表学者有冉明仙[⑦]。他进一步指出，这“四种论断都不是科学的理论，而是四种可信度不充足的假说”，“尽管都包含了一些合理的思想内核，但均不能信服地成为反映未来传媒发展态势的确切定论”。可以预见的是，未来媒体融合会逐步地淡化，无论其名称叫什么，传统媒体向互联网转型的目标不会变，“数据化、智能化和移动化是方向”。[⑧]

目前，社会上不乏唱衰传统媒体特别是报业媒体的论调。但从当下来说，传统媒体与新媒体依然共存发展，尚没有一种传统媒体彻底消失，近年来广播电台的风生水起就是最好明证。传统媒体与新媒体仍然各自在不同的领域发挥着不同的传播力，推动着社会进步与人类文明进程，并逐渐构建起互联网时代的传播新格局。这项基于媒体融合发展而建构的现代传播工程正呈现出“媒体深度融合、移动化发展、社交化应

---

① Michael A Noll. The Myth of Convergence. International Journal on Media Management, 2003, 5 (1): 12 - 13.

② 赵星耀:《认知媒介融合的既有理念和实践》，载于《国际新闻界》2011 年第 3 期。

③ 高钢:《媒体融合: 追求信息传播理想境界的过程》，载于《国际新闻界》2007 年第 3 期。

④ 邓建国:《媒介融合: 受众注意力分化的解决之道——兼与“反媒介融合论”商榷》，载于《新闻记者》2010 年第 9 期。

⑤ 陈国权:《分化是传媒发展的趋势——“融合论”质疑》，载于《新闻记者》2010 年第 3 期。

⑥ 彭兰:《媒介融合时代的合与分》，载于《中国记者》2007 年第 2 期。

⑦ 冉明仙:《“竞合螺旋”: 媒体分阶段发展趋势——与单纯“分化论”和“融合论”商榷》，载于《新闻记者》2010 年第 9 期。

⑧ 郭全中:《2017: 智能驱动下的中国传媒业转型》，载于《新闻记者》2018 年第 1 期。

用、媒体优势互补、大数据应用”[①] 的特征，其实，这就是媒体融合基于本体形态的趋势之一。

二十年的媒体融合实践经历了传统媒体建设新兴媒体——“你是你、我是我”、传统媒体与新媒体互动发展——“你需要我、我需要你”、传统媒体与新媒体开始融合——“你中有我、我中有你”三个阶段，而最终将形成一体化——“你就是我、我就是你”。[②] 其实，我国媒体“管理层所进行的融合举措更多的是一种‘姿态性融合’，而非数字化转型的系统工程”[③]。媒体融合牵涉多个阶段、呈现多维度过程，其过程充满了复杂的动态因素，其过程可以概括为技术融合、内容流程融合和场域融合三个阶段。[④] 经过这一系列阶段后，媒体融合必定会沿着事物发展的既有轨迹不断向纵深推进。同时，在技术逻辑推动下实现媒介形态融合后，必定也会遭遇制度等瓶颈，而市场的需求、社会文明的建构又必将要求打破这些枷锁、实现媒介发展的时空自由。因此，媒体融合发展到高级阶段，将是制度融合、组织融合、产权融合、产业融合，这或许是媒体融合发展的另一趋势。

第二节　媒体融合的反思

一、媒体融合的检视

任何事物的发展均有两面性。媒体融合在促进产业发展、提升社会

① 孟建、黄艳：《媒体融合发展与现代社会进步——对我国大力实施“媒体融合战略”的若干思考》，载于《新闻爱好者》2014 年第 12 期。

② 陈力丹、廖金英：《我国传媒产业将如何重新洗牌？——2014 年话媒体融合》，载于《广播电视信息》2015 年第 1 期。

③ 尹连根、刘晓燕：《“姿态性融合”：中国报业转型的实证研究》，载于《新闻与传播研究》2013 年第 2 期。

④ 曾军辉：《电视媒体与微博融合传播研究——以中央电视台和新浪微博为例》，中国社会科学院研究生院博士论文，2013 年。

文明进程的同时，也会给文明社会的进步带来一些负面影响，给人们生活及社会发展加入一些杂音及冗余，在经济、文化等方面存在令人反思的问题。学者们在进行媒体融合本体研究的同时，也对媒体融合过程中和融合后可能存在的问题进行了探讨和反思。学者靖鸣等运用西方媒介批判理论分析了媒体融合进程中可能会出现的各种问题，指出媒体融合进程可能造成信息泛滥和超载，加速媒介化社会形成，加剧媒介垄断经营；同时，发达国家运用其融媒技术的优势，使其政治文化、商业规范、文化习俗等通过信息产品影响他国文化，其文化产业模式也会被我国大量借鉴，从而加剧文化霸权。[①] 而在媒体融合加速媒介化社会形成观点上，学者刘颖悟、汪丽、张晓锋也持相同的观点。他们认为媒体融合加快了社会媒介化的进程，建构与形成了媒介化社会，[②] “媒介技术融合、媒介内容融合和媒介服务融合成为媒介化传播格局形成与发展最为核心的支撑，成为媒介化社会形成的基本推动力”[③]。而对于媒体融合加剧了媒介垄断方面，肖叶飞同样存在担忧。他指出，伴随着媒体融合的发展，传媒产业所有权也开始出现融合，所有权融合在发挥规模经济和范围经济效应的同时，也在一定程度上造成市场垄断，容易形成垄断高价和进入壁垒，妨碍市场竞争。[④] 而在媒介垄断方面的另一表现则是，媒体融合实践借助技术使媒介内容大范围渗透到社会各个角落的同时，“媒介不断走向集中，少数大型媒介集团高度垄断国内甚至全球信息的生产与消费，文化的多样性在多重重压下逐渐萎缩”。[⑤] 毫无疑问，这些问题应当引起我们的积极反思与关注。

学者丁柏铨认为媒体融合虽然使各种媒介都有所获益，更大程度地

① 靖鸣、臧诚：《传媒批判视野下媒介融合过程中的问题与思考》，载于《现代传播（中国传媒大学学报）》2011 年第 4 期。

② 刘颖悟、汪丽：《媒介融合的四大影响》，载于《传媒》2012 年第 9 期。

③ 张晓锋：《论媒介化社会形成的三重逻辑》，载于《现代传播（中国传媒大学学报）》2010 年第 7 期。

④ 肖叶飞：《传媒产业所有权融合与反垄断规制》，载于《国际新闻界》2013 年第 4 期。

⑤ 郜书锴：《悖论与反思：媒介融合的文化逻辑》，载于《现代视听》2009 年第 2 期。

释放了新闻从业者能量，拓展了媒体和新闻创新空间，但不应低估媒体融合的弊端，如轻视新闻从业者的业务精专、弱化其个性特点、忽视传播活动的人文底蕴，使媒体在激烈的市场竞争中错位。①

毫无疑问，谈媒体融合离不开技术这个关键词，但我们常常有意无意忽略了融合内在的凝聚力，特别是作为媒体组织和产业的融合。学者秦红雨认为，国内的媒体融合研究实际上进入了一个技术和产业的误区，媒体融合不是各种媒体技术的简单运用和产业的简单相加或相减，文化是媒体融合不可或缺的重要维度。② 也就是说，从组织和产业的角度，缺乏文化凝聚的融合无疑是失败的，因为报纸、电视、网络等媒体行业各自有着不同的文化背景与历史底蕴，倘若不能从组织文化的层面进行融合，是难以为继的，融合后的组织迟早会夭折。

二、媒体融合的多元讨论

（一）媒体融合本质

近十年媒体融合研究由兴起到成为热门话题，其实是学界对业界实践的积极关照，也符合新闻传播学这门学科本身应用性强的特点。其研究对象的范围，基本也限定在新闻传播领域。学者南长森认为，媒体融合的内涵和本质属性是传播主体为最大化地获取利润和满足受众需求而寻求全方位覆盖受众的良好愿望和理论假设。③ 他同时认为，媒体融合不应神圣化、扩大化和万能化，媒体融合不是新的传播方式和新的业态淘汰传统的传播方式和业态，而是吸纳优长、共体同生。④

---

① 丁柏铨：《媒介融合：概念、动因及利弊》，载于《南京社会科学》2011 年第 11 期。

② 秦红雨：《不可忽略的文化维度——媒介融合的现状与反思》，载于《编辑之友》2012 年第 8 期。

③ 南长森：《媒介融合本土化反思与评骘》，载于《编辑之友》2012 年第 8 期。

④ 南长森、石义彬：《媒介融合的中国释义及其本土化致思与评骘》，载于《陕西师范大学学报（哲学社会科学版）》2012 年第 3 期。

（二）融合与分化

目前不论学界还是业界，主流的观点都认为媒体融合是传媒发展的大势所趋。而陈国权引用达尔文的《物种起源》的观点，认为传媒发展的趋势不是融合，而应该是分化，包括媒介形态的分化、传播渠道的分化、赢利模式的分化等。① 他的这一观点提出后也引起了学者们的争鸣。冷静审视他的这一观点，应该是与当下媒体受众表现出的分众化、小群体化特征相契合的，因此，有其合理性与现实性。但是，分化与融合其实是互相共生，而非此生彼灭的关系，融合过程虽然是不同媒介形式的融合、汇聚，但并非是所有媒介形式的聚拢，而是根据传播对象的不同，有选择性地聚合；而媒介的分化，也并非是分化为单一媒介形式，亦是根据传播需求而适时调整的结果。

而对于融合的目的，其重要的一方面则是取得协同效应。束秀芳在对美国媒介分化现象进行研究后发现，不同媒介整合的效应差别极大，美国的一些媒介公司经过一系列的兼并融合后发现并未产生协同效应，于是重新转向媒介分化。束秀芳认为，媒介分化已经显示出其独特的优势并创造出新的商业模式，但融合作为全球传媒市场的主导范式并不会消失，而分化也将作为另一种独特的趋势和商业战略存在。②

如前所述，媒体融合加速了媒介化社会的构建，在传媒大众化的当下，人类的生存环境逐渐被媒介化。传媒给人们带来多元、便捷、高效、随时随地的信息接收渠道，使人们充分享受到信息技术带给人们生活的便捷性，在改变人们生活方式的同时也加强了整个人类及社会对于媒介的依赖程度。这将导致人类与自然、人与社会之间关系的失调，并破坏整个社会生态系统的和谐。③

---

① 陈国权：《分化是传媒发展的趋势——“融合论”质疑》，载于《新闻记者》2010 年第 3 期。

② 束秀芳：《美国媒介分化现象初探》，载于《现代传播》2011 年第 12 期。

③ 蒋晓丽、任雅仙：《媒介融合的生态批评》，载于《四川大学学报（哲学社会科学版）》2008 年第 4 期。

互联网经过20余年的发展，已渗透人们生活的每个角落，也已广泛为人们所接受并应用。与此同时，针对互联网与传统媒体的争论与探讨亦从未停止。郭全中认为，不仅传统媒介之间不可能融合，传统媒介更不可能融合互联网媒介，因为互联网媒介能够提供文字、音频和图像传播符号，互联网媒介对传统媒介是完全替代而不是融合和互补。① 在谈到传统媒体与互联网的融合上，李良荣等指出，互联网本身就是一个“融合媒体”，我们的任务是探索适合互联网的新的表达形式，而不是去人工完成新的所谓“融合媒体”。②

（三）媒介规制的趋势

媒体融合时代意味着跨行业跨区域甚至跨国界运作，而以微博、微信为代表的自媒体兴起则正在重构当下的信息传播格局，打破了传统的官方媒体主导舆论的单一场域模式，而滞后于媒介发展的现行规制模式显然已经不能适应业已日渐融合的信息传播形势。基于这样的判断，李继东指出，目前亟须改变传统行业区隔的规制思维，突破单一的政府规制传统，构建复合规制模式。③

（四）媒体融合与资本的关系

除了技术以外，资本也是媒体融合的重要因素，对此，学者肖赞军做了较详细的论述。④ 他指出，媒介的融合与融合之后的媒介需要资本市场。第一，并购、重组是互相合作的重要方式；第二，随着渠道的拓展内容成为稀缺资源，而要拥有海量内容就必须拥有海量资本并催生新的投资模式需求；第三，信息综合传播平台的打造亦需要巨量资本的支持。尽管媒体融合对资本运营提出了现实需求，但中国传媒市场的资本运营刚开始起步，虽然已经有浙报传媒、粤传媒、人民网股份等成功案

---

① 郭全中：《媒体转型中的七大理论问题探讨》，载于《新闻与写作》2014年第8期。

② 李良荣、周宽玮：《媒体融合：老套路和新探索》，载于《新闻记者》2014年第8期。

③ 李继东：《复合规制：媒介融合时代的规制模式探微》，载于《国际新闻界》2013年第7期。

④ 肖赞军：《媒介融合背景下中国传媒经营体制改革研究》，载于《湖南商学院学报》2008年第6期。

例，但还存在较多约束。

第三节 媒体融合研究总体判断

一、媒体融合的核心要素与路径探索

从取得的研究成果看，经济、政治、文化、规制、垄断、媒介生态等成为媒体融合的高频词，而技术、制度、资本则是影响与制约媒体融合的核心要素。回顾国内外媒体融合的实践与研究，技术进步既是媒体融合的原始动因又是媒体融合的支撑，是融合得以实现的根本推动力，数字化技术、通信技术和计算机技术不但打通了传统媒体的边界，也使电信、IT、娱乐等非媒体行业的边界消融，并催生了一批新媒体。技术既是媒体融合的诱因，又是媒体融合方向的决定力量。技术使行业边界模糊的同时，推进了信息、电信、文化、娱乐、出版、金融等行业的相互渗透和融合，形成了全球性的大规模并购、重组的"无边界浪潮"，最终导致产业边界的模糊化，为媒体融合提供了经济前提，"经济的无边界浪潮"为媒体融合的全面和集中爆发提供了特定背景①。制度则是媒体融合顺利与否的关键制约力量，制度放松与收紧对传统媒体融合的成功与否息息相关。资本是媒体融合的血液，为媒体融合的纵深发展提供造血功能和源源不断的要素投入。基于技术进步而推动的媒介形态融合、基于制度创新而推动的制度融合和基于资本运营而推动的渠道、管理、经营融合将是媒体融合路径探索的重要发展方向。

（一）技术融合：媒体融合的逻辑起点

媒体融合的原始动力来自技术进步，正是技术进步催生了媒介传播渠道的多元化，从印刷媒介到数字媒介的发展无不是技术在推动。互联

① 杨溟：《媒介融合导论》，北京大学出版社 2013 年版，第 2 页。

网技术、计算机技术的广泛应用一方面激发了人们消费习惯的变迁与转移，另一方面也为传播渠道和平台的创新提供了可能，可以说，媒体融合的起点就是源于技术，因而媒体融合最基本的路径和起点也是技术的融合。通过技术的应用，创设出不同的媒介形态，如报纸、广播、电视、网络等，并且不断向便捷性、互动性、强体验性演变。技术之于传媒的推动作用与技术之于传统工业的推动作用是一脉相承的，历史上的三次工业革命均以新技术的应用为推动力而发动，并引起了经济、政治和社会多层面的变革，并改变了世界格局。进入二十一世纪，信息技术的飞速发展不但推动着传媒行业的变革，也深深嵌入社会生活的方方面面，传媒领域仅是技术影响的冰山一角。不同媒体形态从独立到融合的进程是在诸多要素的驱动下完成的，在所有驱动要素中，技术与媒体形态、传播方式有着最为直接的关系。[①] 正是由于技术影响力的这种普遍性与深远性，使其成为媒体融合进程中首选的、原生的融合模式。但以技术为驱动力的我国媒体融合，虽然彰显了短期效益，但根本上还停留在平台开发与建微建端建矩阵群的初级阶段，离真正媒体融合的本质追求和最终面世还有遥远的距离。[②]

（二）资本融合：媒体融合的新出路

单纯依靠技术创新是难以维系媒体长远发展的，并会逐渐模糊差异化发展战略，呈现出同质化局面；无论尝试采用新技术还是单纯地依靠技术形成“技术加内容”，都只不过是将形式创新等同于融合创新，是难以实现更深层次融合的。[③]

媒介既担负着社会传播功能又担负着社会产业功能。[④] 技术的进步

---

① 严三九：《技术、生态、规范：媒体融合的关键要素》，载于《人民论坛·学术前沿》2019 年 2 月（上）。

② 黄良奇：《从平台经场域到生命体：媒体融合的实践范式与路径》，载于《西南民族大学学报（人文社会科学版）》2018 年第 3 期。

③ 黄楚新、彭韵佳：《2017 年中国媒体融合发展报告》，载于《现代传播》2018 年第 4 期。

④ 于小川：《技术逻辑与制度逻辑——数字技术与媒介产业发展》，载于《武汉大学学报（人文科学版）》2007 年第 6 期。

推动了媒介形态的演化、更迭，而数字媒介等新兴媒介形态较印刷媒介需要在技术研发、硬件投入上占用更多资金，数字媒介是一项重资本媒介形式，因此需要更强大的资本支持。同时，媒介实现形态融合后，仅仅是实现了社会传播功能，并未实现经营的融合，其媒介组织的盈利模式并未实现创新。当前许多传统媒体进行媒介形态融合后，并未给媒介组织带来新的盈利点，业务结构并未得到优化，经营困境并未彻底摆脱，一些媒体还因为新媒体的投入而陷入经营恶性循环，媒介的社会产业功能难以充分发挥并进而影响自身的发展。回顾我国传统媒体转型发展的成功案例，无不是在实现媒介形态融合的基础上借助资本的力量与杠杆作用而向媒体融合的纵深推进的，因此，资本运营成为媒体融合的新出路。

（三）制度融合：媒体融合的决定因素

虽然技术逻辑为传媒产业的发展提供了多层次融合的内生动力，但这股力量究竟能否实现或是怎样实现取决于制度逻辑的选择。[①] 我国政府对传媒的管控是通过一系列制度安排来实现对传媒机构的规制的，“媒介融合发展并非仅需遵循技术和市场的逻辑，媒介融合的进程已经深受政府规制的影响”，[②] 必须开展一系列媒介技术、市场和产业的媒介规制变革，建立一个共通的规制框架。[③]

总体而言，我国媒介制度存在三个方面的问题：

一是公益性媒体和商业性媒体的双重身份问题，造成媒介机构既要担负党和政府的“喉舌”职能和社会公平正义的守望者角色，又要解决媒体自身生存、发展问题以及担负传媒行业的产业化构建重任。这种双重身份与属性使媒介机构经常难以在社会效益与经济效益间形成平衡，社会效益与经济效益关系的失调就是政府规制失灵造成的，该由市场规

① 于小川：《技术逻辑与制度逻辑——数字技术与媒介产业发展》，载于《武汉大学学报（人文科学版）》2007 年第 6 期。

② 喻国明、苏林森：《中国媒介规制的发展、问题与未来方向》，载于《山西大学学报（哲学社会科学版）》2009 年第 6 期。

③ Losifidis P. Digital Convergence: Challenges for European Regulation, Javnost - The Public: Journal of the European Institute for Communication and Culture, 2002, 9 (3): 27 - 47.

制的地方政府规制越位，该由政府规制的地方却又造成规制主体缺位，媒体“潜规则泛滥”，寻租现象时有发生，最后的结果就是官方舆论阵地失守，传统媒体市场被蚕食。

二是行政差序化配置媒体资源的体制造成传媒管理条块分割，使我国传媒产业在当前互联互通的移动互联网时代进行资源整合、推动媒体融合方面面临诸多困难。从行政体制管理看，我国从中央到地方按行政级别分为中央、省、市等不同媒体机构类型，并赋予相应行政级别，从行业细分看，则分为广电、报纸、网络等不同行业，并分别归属不同行政部门主管，这种“井”字形媒介资源管理体制从表面上看条理有序、职责分明，但在当前行业边界不断模糊、被打破、媒体形态不断融合的大趋势下，这种分类管理、彼此独立的制度安排显然无法适应传媒融合发展的大趋势。

三是正式制度不足，对传媒的规制重政策安排轻法制治理。我国的媒介制度大多是以文件、通知以及一些隐性约束的形式呈现的，部门规章不多，没有制定相应的传媒部门法规来规制、管理传媒行业，统一、全面的媒介制度尚在探索、建构进程中。这也就是一些地区的传媒机构在内容生产、市场运营等方面受规制较少，而在有些区域的传媒机构在运营过程中却受制颇多的原因。这些问题深深地制约了媒体的融合发展，制度创新与变革成为全面推进媒体融合的关键因素，也是媒体融合成功与否的决定因素。

因此，针对上述问题，要全面推进传统媒体的深度融合，必须从制度层面进行改革。一方面，对我国媒介资源进行分类管理，区分公益性媒体和商业媒体，对公益性媒体，国家给予相应财力支持，实行财政供养制，确保其舆论引导与公信力的实现；对商业媒体则放宽资本引入、市场运营等方面的管制，让市场在该类媒介资源的配置中发挥决定性作用。另一方面，改革媒体管理行政体制，制定媒体管理法律，使媒体管理步入法治化轨道。虽然目前国家对媒体管理体制进行了广电与新闻出版管理机构的改革、归并，但网络和报纸仍分属不同部门，多头管理基本模式仍未改变，因此，媒体管理体制、法治建设尚任重道远。

二、媒体融合研究的理论建构进程

再次考察媒体融合的研究，不难发现，尽管各学者对媒体融合的模式、阶段、层次有不同的论述，有分为三阶段的，有包含四个、五个，甚至六个层次的，但其核心主要是三个层面的融合，或者说三条基本路径方向：一是媒介形态的融合，主要是指依托于技术进步的物理载体和传播形态的融合，这属于技术性融合。例如当下传统媒体机构热衷的"全媒体"。这一层面的融合从理论上看是具有可行性的，从实践看，国内外媒体机构也乐此不疲，进行了大量实验、改革与创新，也取得了一定突破。但单纯的媒介物理形态的融合由于受媒介历史传统、文化差异、政策管制等因素影响，是否是一种理想模式学界业界均存有争议，报网互动就是明证。二是媒体运营层面的融合，或者称为市场运作融合，主要是指不同类型、不同区域、不同层次的媒体机构的融合，例如通过合作、联合而实现媒体的跨地域运营。这一层面的融合是媒体的深度融合，是基于资本运营和制度层面的融合，将是未来媒体融合的发展方向，也是传统媒体转型的重要路径。而这一层面融合给传媒生态与伦理、社会文化、经济发展带来的影响为媒体融合的研究提供了更为广阔的研究空间与视野。三是组织、产权层面的融合，即传媒、通信、IT、娱乐、金融等行业的大融合，这取决于媒介运营层面的融合成功与否。

技术的发展催生了媒介本体的融合，是媒体融合的最基础、最基本的融合；资本运营促进媒体运营融合，实现了资源的流动与行业边界的消除，这是媒体融合的高级阶段和发展方向；而制度体系的构建和完善为媒体产权融合提供了制度保证，为大传媒业的构建奠定了基础。如图2－1。[①]

① 秦祖智：《对媒体融合的再思考》，载于《东南传播》2019年第2期。

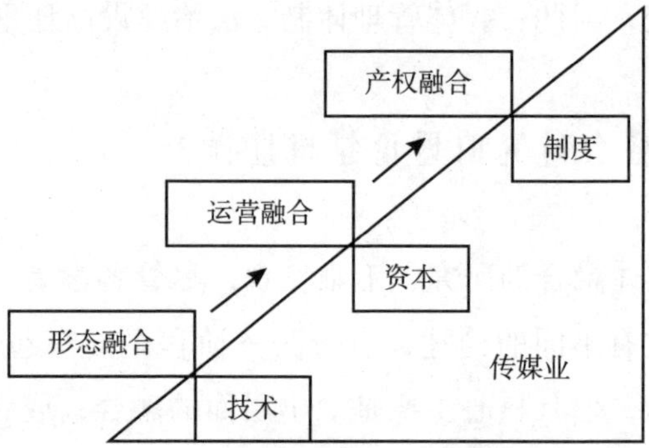

图 2-1　媒体融合三角模型

理论关照现实，现实为理论提供丰沃土壤，欧美媒体从 20 世纪末就已开展媒体融合的积极尝试。老牌通讯社路透社是西方三大通讯社中最早开发网络业务的通讯社，其为进军网络而设立的新媒体公司 1997 年即开始盈利。英国的广播公司（BBC）一直都是新技术创新和应用的领跑者，其“红色按钮”交互式数字电视服务不但可以为用户提供新闻信息，而且可以通过它玩网络游戏和在线购物；BBC 还与 YouTube 合作，打造网络视频播出平台。美国有线电视新闻网（CNN）从 1995 年就着力打造媒体融合的立体传播体系，致力于网站、移动视频等数字化业务，其各项新闻业务都在互联网上设有网站。世界上发行量最大的报纸日本的《读卖新闻》建立了日本最大的在线新闻网站——在线读卖新闻，并与运营商 NTTDOCOMO 合作，开发手机报。美国《纽约时报》1996 年在美国率先进入互联网，建立了 Nytimes. com 网站，并成为全美访问量最大的网站，一直名列全美最受欢迎十大新闻网站之一。美国《华尔街日报》开创了新媒体与传统媒体融合的经营模式，1996 年开始推出网络版，目前已成为全球最大、最成功的付费新闻网站。而美国之音（VOA）于 21 世纪前夕已完成了从单一媒体向多媒体过渡的战略性改造，形成了集广播、电视、卫星和互联网为一体的综合型多媒体平台，实现了面向世界传播的愿景。[①] 这些大量的媒体融合实践为国外学者的研究提供了丰富题材，从这个角度看，似乎可以得出这样的判断：国外媒体融合的研究与实践是紧密结合、亦步亦趋的，媒体融合的每一次实践创举，学界都给予了及时关注，而其研究动因，毫无疑问，也是源于实践的需要，同时大量的实践案例也为研究的顺利推进提供了可能。这种实践与理论的紧密互动，为我国的媒体融合研究乃至相关应用研究提供了良好借鉴，也就是说，对媒体融合研究而言，对业界给予充分关注并适时紧密互动，研究源于媒介、用于媒介，应是我们研究的重要价值取向。

回顾国内外近20年有关媒体融合的研究，对媒体融合的概念、动因、内容、路径与趋势、制约因素等方面均进行了较系统、全面的探索，在此基础上，对媒体融合后在经济、社会、文化等层面存在的问题进行了反思。同时，国内外媒体融合的研究，始终都是与传媒业的发展同步的，业界的每一次创举，均得到了学界的积极回应与极大关注，学界与业界这种良性互动，一方面为该领域研究提供了丰富的研究素材，另一方面也为业界实践提供了科学的理论指导。虽然对该领域的研究尚未形成理论体系，更未达到库恩（Thomas Sammual Kuhn）所说的科学范式的层面，但亦有了较为清晰的研究对象与框架，在许多问题上达成了共识。这意味着该研究领域的理论范式正在建构当中，或者说，对媒体融合的研究，目前尚处于库恩所说的“前范式阶段”[②]。而从学科制度化的角度考察，按照华勒斯坦（Immanuel Wallerstein）“学科制度化”理论[③]及后续学者的研究，学科制度化有教育的制度化与研究的制度化两个考察维度。纵观国内外的媒体融合发展，从教育方面来看，很多高

① 案例来源：徐琴媛等：《世界一流媒体研究》，中国广播电视出版社2011年版。

② ［美］托马斯·库恩：《科学革命的结构》，金吾伦、胡新和译，北京大学出版社2003年版，第19页。

③ ［美］华勒斯坦等：《开放社会科学——重建社会科学报告书》，刘锋译，生活·读书·新知三联书店1997年版，第31～32页。

校开设了媒体融合的专业或课程，亦出版了不少教材及专著；而从研究制度化角度看，相应研究机构和学术组织也对该领域予以极大关注，形成了几个较为固定的研究群体和一些领军人物，并不断有新生力量加入。从这个角度看，是否也标志着媒体融合研究正不断向制度化迈进呢？

三、我国媒体融合研究的不足与展望

正如之前所述，国内外媒体融合研究正处于理论建构的进程中，并处于快速成长阶段。而我国的媒体融合研究，目前也基本实现了研究的本土化。纵观学者们取得的成果，从研究内容看，基本是从技术、经济、政治和社会文化四个维度展开探究，而对媒体融合的具体路径设计与选择，成果尚不多。再进一步考察不难发现，技术层面和政治层面的研究成果是最为丰富的。政治层面的研究主要在媒介规制方面。相对于技术、政治，经济层面的研究主要侧重于市场与具体业务的融合，对兼并、重组等资本运营层面的融合研究相对关注度较少，对产业融合更多的是基于“在媒体融合背景下……”之类浅层次的研究，缺乏从传媒市场竞争与垄断、博弈与均衡等市场结构层面和产业发展高度进行深入探索。而社会文化维度，更多的是对融合带来的问题进行反思与叩问，对媒介组织内部文化如何融合、媒介组织间如何进行文化融合、媒介与社会间的互动关系如何建构等方面成果不多。从研究方法看，质性研究居多，量化研究偏少，特别是在传媒经济层面，对媒体融合的经济学量化分析不多，这或许与该领域研究学术群体的学术背景有关，因为对该领域研究的学者基本上固定在新闻传播专业群体，而其他专业，特别是经济学专业学者对此关注度不高。

按照麦克卢汉（Marshall McLuhan）的观点，媒介是人的延伸。[①] 而

① ［加］马歇尔·麦克卢汉著：《理解媒介——论人的延伸》，何道宽译，译林出版社2011年版，第18页。

媒介的发展史，其实就是人类追求自身功能延伸的历史，人类为实现自身五个层次的需要，依托于自身智慧，进行技术创新以实现目标，而其终极目的就是要实现人类自身的时空自由，而媒介成为人类实现这一目的的载体。正如张金海教授所说，媒介是人类的媒介，一部人类发展史就包含一部媒介发展史，人对自由的追求、对时空自由的信息传播活动的追求是推动媒介发展的内在动力，媒介发展遵循时空自由的逻辑。[①] 而媒体融合，其实就是人类为实现其时空自由目的而对媒介发展实施的行动。反观媒体融合不长的发展历程，技术是其发展的原动力与基础，但经过近十年的发展，在实践领域，技术已经使媒介物理融合成为现实。对照当下传统媒体的融合实践，显然，仅有技术的保障是难以完全实现融合的目的的，或者说，技术融合只是媒体融合的初始阶段，而要实现真正的媒介时空自由，资本才是最重要的因素。只有在资本的力量下，才能实现真正的媒介跨行业、跨地域融合，当前阿里巴巴、百度、腾讯能在短时间内成长为我国传媒巨头就是最好明证。而制度，则是融合顺利推进的保证，特别是在我国以行政差序化配置媒介资源的当下，制度的融合、媒介规制的改革是媒体融合的重要决定因素，特别是传统媒体。可喜的是，2014 年 8 月 18 日国家层面制订了推进媒体融合的指导意见，尽管具体的改革路线图仍有待进一步描绘，但这个纲领性文件已为我国未来媒介发展指明了方向，标志着媒体融合转型已被纳入国家改革顶层设计之中。

“技术创新和制度创新互相影响、相互促进”。[②] 技术、制度、资本三个因素互为关系、互相促进、互相制约，为媒体融合路径探索提供了基本方向并提出了新的要求。就传统媒体全面推进媒体融合而言，探讨技术发展背景下如何借助资本的力量推进媒体融合，并从制度的层面进行保驾护航将是当前和未来媒体融合路径研究的重要方向。

---

① 张金海、柳庆勇：《论媒介发展的时空自由逻辑》，载于《新闻与传播评论》2010 年。

② 卢现祥、朱巧玲：《新制度经济学》，北京大学出版社 2012 年版，第 430 页。

第三章

我国媒体融合发展进程

从媒体融合理论研究引入我国到我国业界传统媒体开始进行媒体融合的实践，至今也就二十余年。媒体融合不但在理论上尚处于建构阶段，在实践中亦是处于探索时期，2014 年“8.18”指导意见的发布，为我国学界与业界进行媒体融合研究与实践掀开了崭新一页，媒体融合上升为我国舆论宣传与传媒产业的国家战略，2014 年也被我国学界称为融合元年。回顾媒体融合的研究，正如前面章节所述，技术、制度、资本这些核心要素支撑、推动着媒体融合前行，毫无疑问，这些要素也是媒体融合成功与否的重要保证。而当下我国媒体行业基于这些要素基础开辟了不同的媒体融合路径，而这些路径发展水平、对业界实践的贡献是不均衡的，例如，基于技术逻辑的媒体融合在媒体行业早已风生水起，而基于资本逻辑的媒体融合路径一直处于缓步前行阶段，而制度仍然是困扰传媒行业融合发展的瓶颈。为对我国媒体融合的发展历程进行全景式考察，本章从技术、资本与制度逻辑三个横向维度对我国媒体融合路径现状进行全面回顾，并从媒体融合发展进程的纵向历时性维度对我国媒体融合路径现状特征进行总体考察。

第一节　基于技术逻辑的媒体融合发展轨迹

一、技术与媒介形态变迁

回顾传播学的发展，特别是传播介质——媒介发展史，技术一直扮演着基础性的推动力角色。人类传播发展经历了口语、符号、印刷品、报刊、广播电视、网络媒体等形态更迭，每一次形态的更迭均是技术支撑、推动的结果。当前信息技术、网络技术的发展更是让传播超越了光电，进入时空自由的时代。罗杰·菲德勒（Roger Fidler）曾指出，媒介形态随着人类传播系统演化可划分为三个变化阶段[①]：第一次媒介形态变化是10万年前，是口头语言、表达性语言和传播工具的变化，如南部欧洲洞穴绘画；第二次媒介形态变化是1万年前，是书面语言的变化，表现为文献技术发展、印刷术和造纸术发展；第三次媒介形态变化是十九世纪早期，是数字语言出现，如电力应用、无线传播、电话、广播、电视、计算机、万维网等。这三次媒介形态的变化背后都是技术在起作用。

谈及技术与传播，一定要提传播学先驱麦克卢汉，他提出了“媒介即信息”[②] 的论断，他被认为是技术决定论的倡导者，这是麦克卢汉对媒介技术在人类社会发展中的地位和作用的高度概括。麦克卢汉沿着加拿大著名经济史学家英尼斯（Harold Adams Innis）开创的将媒介技术同人类文明发展史联系起来进行探讨的研究方向，形成了麦克卢汉媒介研

① ［美］罗杰·菲德勒著：《媒体形态变化：认识新媒介》，明安香译，华夏出版社2000年版，第46页。

② ［加］马歇尔·麦克卢汉著：《理解媒介——论人的延伸》，何道宽译，译林出版社2011年版，第24页。

究理论，引领了媒介发展研究的方向。其理论曾遭到学界的广泛批评与非议，因为他把媒介技术看作社会发展的唯一动力而忽略了人的主观能动性，凸显了其思想的极端性。同时，由于社会制度对技术也可实施相应的制约，因而其观点也凸显了片面性。尽管如此，他对技术对传播未来的影响的预言，也不断得到印证，麦克卢汉所说的“地球村”的逐步实现就是最好明证。

当下媒介形态演进进入了新媒体阶段。传播学媒介环境学派第二代代表人物加拿大学者罗伯特·洛根（Robert K. Logan）认为新媒介具有双向传播、信息易获取、有利于继续学习、整合、创建社群、便携性、互操作性、融合和聚合、多样性、长尾效应等特征。[①] 而这些特征正是技术尤其是信息技术的发展和应用驱动的结果。互联网和信息技术的发展使新媒体正如麦克卢汉预测的一样，将全世界变成地球村，世界从此变成平的，以互联网为依托的新媒体已成为人们生活的重要工具并深深嵌入社会生活。媒介技术的进步催生出更多符合社会传播发展趋势的媒介，每一次媒介技术革新，都引发了各种新的媒介的诞生和促进了传媒行业的发展繁荣，传媒行业应该充分利用技术去进一步构建新的传播平台。

二、我国基于技术应用的媒体融合发展

我国传统媒体的媒体融合实践起步是较早的，从报纸电子版到报网互动，媒体从未停止探索的步伐。回顾媒体融合实践的发展历程，其中最主要的推动因素当属网络技术的发展，特别是互联网进入人民生活。正如喻国明所说，当今工业文明渐行渐远，互联网正在对生产方式、传播方式、消费方式、人际关系和社会政治的游戏规则等进行重新定义，

① ［加］罗伯特·洛根著：《理解新媒介——延伸麦克卢汉》，何道宽译，复旦大学出版社2012年版，第42～43页。

互联网以全新技术形态成为支撑社会的基础设施，中国的互联网已经或正在形成内容网络、人际网络和物联网络。[①] 而互联网进入中国给我国传媒行业带来新的挑战的同时也提供了新的传播渠道与发展空间，中国传媒行业的媒体融合实践也是从互联网的“触网”开始的，其发展路径也是沿着互联网形成的内容网络、人际网络逐渐延伸，而物联网将是未来发展的方向。我国学者熊澄宇对媒介发展史进行了较为全面的阐述，他以媒介形态变迁的时间轴为主线，将媒介发展分为口语媒介、文字媒介、印刷媒介、电子媒介和数字媒介五个阶段。[②] 按照他的划分，当前传媒行业已进入以互联网为特征的数字媒介阶段。沿着互联网发展的轨迹，我国媒体融合实践也大致可划分为三个阶段：20 世纪末融合起步阶段、21 世纪初 PC 互联网阶段和 2010 年以来的移动互联网阶段（图 3 – 1）。

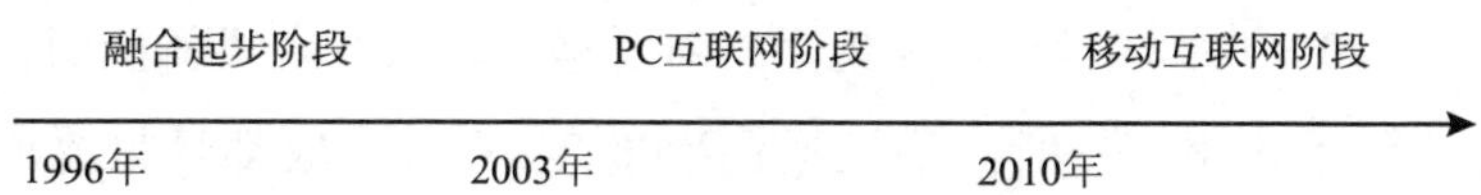

图 3 – 1　我国媒体融合实践发展进程

20 世纪末融合起步阶段。这一阶段是互联网进入人民生活，开启网络时代的起步时期，我国全国性主流媒体纷纷“触网”，开始向网络进军，启动媒体融合的初期实践。这一时期主要的代表性案例[③]有 1997 年 1 月 1 日人民日报创办了电子版，后来发展为人民网；紧接着中央电视台于 1997 年 5 月 16 日成立网站，域名为“CCTV. com”；中央人民广播电台于 1998 年 8 月 13 日开通网站；1999 年 12 月广州日报成立大洋网。这一阶段的主要标志是全国性主流媒体开始将内容通过网站呈现，为内

① 喻国明：《媒介革命——互联网逻辑下传媒业发展的关键与进路》，人民日报出版社 2015 年版，第 52 ~ 54 页。

② 熊澄宇：《媒介史纲》，清华大学出版社 2011 年版，第 4 页。

③ 资料来源：梅宁华、宋建武：《中国媒体融合发展报告（2015）》，社会科学文献出版社 2015 年版，第 269 ~ 299 页；人民日报社：《融合元年——中国媒体融合发展年度报告（2014）》，人民日报出版社 2015 年版，第 244 ~ 253 页。

容发布增加了数字传播渠道。这一时期的媒介传播是基于传统媒体精英化生产内容的模式，基本还是单向的、受众被动地接受信息。虽然如此，但受众明显有了更多资讯来源选择的可能性，已开始摆脱传统媒体固定时间出版、发布资讯的生产模式，开始享受互联网技术带来的福利。

21 世纪初 PC 互联网阶段。这一时期得益于 PC 互联网的快速发展，互联网已深深嵌入人们生活并得到普及，成为人们日常工作、生活的基本工具，互联网从 1.0 时代开始进入 2.0 时代，并因此而促进了媒体融合的升级。这一阶段传媒企业在全面拓展、搭建自有 PC 互联网站的基础上，开始与同行进行合作，拓展新的传播渠道和寻找新的市场空间，手机报、手机电视、网络电视等便是这一时期媒体融合的产品。此期间的媒体融合标志性事件[①]有 2003 年 7 月中央人民广播电台与新浪合作，开通“音乐之声”网站；同年 10 月海南电视台推出我国最早的手机电视业务；2005 年浙江日报报业集团与浙江移动、浙江在线新闻网推出国内首张省级手机报——浙江手机报；2006 年 10 月，成都日报报业集团与成都广播电视台合并，成为全国第一家同时拥有报纸和电视媒介的综合传媒集团；2009 年 12 月，标志着电视与网络全面融合的中国网络电视台开播。

2010 年以来的移动互联网阶段。这一阶段在 PC 互联网形成的“内容网络”基础上，开始构建“人际网络”，开始打破传统的精英化资讯生产与单向传播模式，向“用户生产内容”“传受互动”发展，受众的需求与个性表达得到了充分激发和释放，媒体融合开始向满足受众的无时不在、移动化、分众化方向发展。顺应该发展需求，智能设备大范围、迅速普及，即时通信工具、新闻客户端、微博、微信、App 开始进入人们生活，媒体融合进入移动互联网时代。这一阶段媒体融合的标志

---

① 资料来源：梅宁华、宋建武：《中国媒体融合发展报告（2015）》，社会科学文献出版社 2015 年版，第 269 ~ 299 页；人民日报社：《融合元年——中国媒体融合发展年度报告（2014）》，人民日报出版社 2015 年版，第 244 ~ 253 页。

性事件①有 2009 年 8 月 14 日新浪微博开始内测，截至 2010 年 10 月底，新浪微博用户数突破 5 000 万，成为目前中国用户数最多的微博产品，也造就了我国第一个自媒体产品；2011 年 1 月微信正式推出，并由此拉开了自媒体市场竞争序幕；2012 年 7 月人民日报开通官方微博；2012 年 8 月参考消息微信订阅号正式开通；2013 年 7 月，人民日报宣称，将部分稿件通过图像识别技术和二维码由单一的文字形态转化为文字、视频、音频等多媒体形态实现多渠道传播；2014 年 1 月，解放日报的“上海观察”客户端上线，同名微博、微信同步推出；2014 年 5 月湖南广播电视台实施芒果 TV 独播战略，倾力打造互联网视频平台；2014 年 6 月新华社和人民日报分别迈出媒体融合重要一步，“新华社发布”、人民日报客户端正式上线。

随着 PC 互联网的成功普及，移动互联网呼之欲出，大有后浪压前浪之势。而我国传统媒体则充分利用了这一信息技术的红利，在媒体融合的进程中实现了质与量的提升，这其中尤以报业媒体为甚。以当前全国大型报业集团为例，基本实现了平面媒体、网站、视频、客户端、微博微信的全媒体布局，实现了实时、立体化、全覆盖传播，已将基于技术逻辑的媒体融合提升到了全新水平，如表 3－1 所示。

表 3－1　　报业集团媒体融合情况一览

传媒机构	平面媒介	网站	移动客户端	视频	微博和微信公众号	其他融合渠道
人民日报社	《人民日报》《环球时报》《证券时报》《新闻战线》等近 30 种报刊	人民网、环球网、澳客网等	人民日报客户端	有	有	电子阅报、中国搜索

① 资料来源：梅宁华、宋建武：《中国媒体融合发展报告（2015）》，社会科学文献出版社 2015 年版，第 269～299 页；人民日报社：《融合元年——中国媒体融合发展年度报告（2014）》，人民日报出版社 2015 年版，第 244～253 页。

续表

传媒机构	平面媒介	网站	移动客户端	视频	微博和微信公众号	其他融合渠道
浙江日报报业集团	《浙江日报》《乐清日报》《钱江晚报》《美术报》等38种报刊	浙江在线、大浙网等	"浙江新闻"客户端	有	有	手机报、边锋浩方网络平台、旗下公司电商平台
上海报业集团	《解放日报》《文汇报》《新民晚报》《东方早报》《新闻记者》等32份报刊	解放网、文汇网、新民网等10家网站	上海观察、澎湃新闻、界面等	有	有	上海手机报、百度新闻上海频道
南方报业集团	《南方日报》《南方周末》《南方都市报》《21世纪经济报道》等20余种报刊	南方网、奥一网、凯迪网、大粤网等	南都App、品牌盛宴等	有	有	手机报、LED、电子阅报栏、南方舆情等
广州日报报业集团	《广州日报》《第一财经日报》《信息时报》《羊城地铁报》《南风窗》等20余份报刊	大洋网、羊城地铁报网等	百合、咪客等	有	有	云彩彩票、2181游戏平台等
大众报业集团	《大众日报》《齐鲁晚报》《半岛都市报》《青年记者》等20余份报刊	大众网、山东有线网、胶东在线等	山东24小时、掌上大众网等	有	有	山东手机报、在山东网上商城
杭州日报报业集团	《杭州日报》《每日商报》《都市快报》《萧山日报》《休闲杂志》等10份报刊	杭州网、19楼空间、杭报在线等	杭州网客户端、19楼客户端	无	有	
成都日报报业集团	《成都日报》《成都晚报》《成都商报》《新城快报》《每日经济新闻》等12份报刊	成都全搜索新闻网	"锦观"和"谈资"客户端	有	有	962111平台、公交传媒

资料来源：传媒企业旗下网站及公开资料。

回顾近二十年的媒体融合进程，毫无疑问，无论是推出电视网络盒子，还是推出报业客户端，走的均是技术路径。在技术推动下，传统媒体传播渠道、媒介形态不断推陈出新、演化。也就是说，在这一阶段的媒体融合中，主要是媒介形态的融合，且这种融合主要是基于各媒体自身内部资源的整合和对受众资讯需求的迎合、依托信息技术和互联网技术对传播渠道的拓展。在这一举措下，各传统媒体基本构建了平面、网络、移动、立体化的传播体系，基本实现了内容传播对象的全覆盖。但是，其资讯生产的模式基本还是基于传统媒体原有的精英化生产模式，这种“正面临解组”的“一条鞭式的生产—传输—接收模式”[①] 较之融合前只不过是多了一个内容传播渠道而已，媒体的内容生产流程、经营理念特别是盈利模式并未有实质创新与突破。这也就是为什么虽然目前大部分传统媒体都构建了全媒体的传播格局，但传统业务仍然是主营收入，仍然是传统媒体发展的经济支柱，新媒体业务在营收上能给母体提供现金流输入的不多。因此，探索技术融合基础上的融合新路径将是传统媒体亟待思考和解决的重要任务。

第二节　基于资本逻辑的媒体融合发展现状

一、媒体资本运营案例

资本运营是指为使资本保值增值通过投融资、资产重组和产权交易等手段，对资本进行优化配置和运营管理，最终获得企业的持续发展。我国严格意义上的资本运营实践始于 20 世纪 90 年代初。1990 年 11 月

① ［台湾］唐士哲：《重构媒介？“中介”与“媒介化”概念爬梳》，载于《新闻学研究》2014 年第 121 期，第 3 页。

上海证券交易所和1990年12月深圳证券交易所成立，虽然当时上市公司较少，但证券交易二级市场的出现为企业投融资提供了平台，并在政策上和技术上给予了充分指引。1992年初邓小平南方谈话和党的十四大提出建立社会主义市场经济体制，为我国资本市场的建立从国家层面进行了顶层设计。在这一阶段，股份制改革逐步深化，各种企业资本运营活动日趋活跃。在这一背景下我国传媒企业也纷纷试水资本市场，并取得了一定进展。

为进一步研究我国传统媒体基于资本运营的媒体融合现状，本研究对文化传媒类上市企业进行了全面梳理，并从中选取广播电视和新闻出版类上市企业进行分析。之所以选取上市企业作为样本进行研究，主要基于上市企业的公开性与数据准确性。据公开资料统计，截至2019年12月，我国共有102家文化传媒类A股上市企业①。基于主要考察传统媒体融合情况的研究目的，本研究重点对广播电视和报业类上市企业进行了统计。从统计数据看，报业上市企业6家，新闻网站2家，广播电视类上市企业14家，参见表3-2。从数据可以看出，在报业和新闻网站类上市企业中，既有报业公司作为主要发起人控股或参股上市企业，也有上市公司控股报业公司实现间接上市的资本运营模式。在广播电视类上市企业中大部分企业主要以有线电视网络运营为主营业务，而这些企业的控股股东主要是广播电视内容生产企业即广播电视台。这些广播电视台通过控股或参股广电网络公司，在拓宽主营业务收入的同时，也有效地把控住了内容传播渠道，为其产品提供了渠道保障。也就是说，在广播电视这类传统媒体中，我国一些大型企业已迈开了媒体融合的步伐，借助资本开始构筑“内容-渠道”一体化传播体系。这些资本运营模式的广泛应用，使我国的媒体获得了发展所需的资金支持并借此发展、壮大，探索出了新的发展路径，为应对新媒体的挑战提供了竞争平台。

---

① 资料来源：根据东方财富网及各上市企业官网统计整理。东方财富网 http://www.eastmoney.com/

表 3－2　　传统媒体上市企业情况

类别	公司名称	股票名称	控股股东（或相对控股）	主要传统媒体股东
报业和新闻网站	成都博瑞传播股份有限公司	博瑞传播	成都博瑞投资控股集团有限公司	成都传媒集团
	上海新华传媒股份有限公司	新华传媒	上海新华发行集团有限公司	上海报业集团
	华闻传媒投资集团股份有限公司	华闻传媒	国广环球资产管理有限公司	控股深圳证券时报传媒公司、陕西华商传媒集团公司
	广东广州日报传媒股份有限公司	粤传媒	广州传媒控股有限公司	广州大洋实业投资有限公司
	浙报数字文化集团股份有限公司	浙数文化	浙报传媒控股集团有限公司	浙报传媒控股集团有限公司
	浙江华媒控股股份有限公司	华媒控股	杭州日报报业集团有限公司	都市快报社
	人民网股份有限公司	人民网	人民日报社	环球时报社
	新华网股份有限公司	新华网	新华通讯社	新华通讯社
广播电视类	中视传媒股份有限公司	中视传媒	中央电视台无锡太湖影视城	中国国际电视总公司
	东方明珠新媒体股份有限公司	东方明珠	上海文化广播影视集团有限公司	上海文化广播影视集团有限公司
	湖南电广传媒股份有限公司	电广传媒	湖南广电网络控股集团有限公司	衡阳市广播电视台、常德广电传媒集团
	北京歌华有线电视网络股份有限公司	歌华有线	北京北广传媒投资发展中心有限公司	东方明珠新媒体股份有限公司

续表

类别	公司名称	股票名称	控股股东（或相对控股）	主要传统媒体股东
广播电视类	陕西广电网络传媒（集团）股份有限公司	广电网络	陕西广播电视集团有限公司	东方明珠新媒体股份有限公司
	深圳市天威视讯股份有限公司	天威视讯	深圳广播电影电视集团	中国电信股份有限公司
	吉视传媒股份有限公司	吉视传媒	吉林电视台	长春广播电视台等
	湖北广播电视信息网络股份有限公司	湖北广电	武汉广播电视台	湖北省楚天数字电视有限公司等
	江苏省广电有线信息网络股份有限公司	江苏有线	江苏省广播电视信息网络投资有限公司	南京广播电视集团有限公司、苏州市广播电视总台等
	芒果超媒股份有限公司	芒果超媒	芒果传媒有限公司	实际控制人：湖南广播电视台
	中广天择传媒股份有限公司	中广天择	长沙广播电视集团	长沙广播电视集团
	贵州省广播电视信息网络股份有限公司	贵广网络	贵州广播影视投资有限公司	实际控制人：贵州广播电视台
	广西广播电视信息网络股份有限公司	广西广电	广西电视台	广西电视台、南宁电视台、柳州市广播电视台等
	广东南方新媒体股份有限公司	新媒股份	广东广播电视台	广东广播电视台

资料来源：根据东方财富网 http：//www. eastmoney. com/及各上市企业官网统计整理。

此外，在非上市媒体企业中，通过合并、重组、收购等资本运营模式进行融合、资源互换的案例也相当多。例如，2006 年成都日报报业集团与成都广播电视台合并成立我国第一家综合传媒集团，2011 年山东大众报业集团入股山东广电网络有限公司开启报业集团参股有线电视网络先河等。

二、资本运营下的媒体融合新动向

回顾我国传统媒体二十余年的资本运营历程，自第一只传媒股“东方明珠”1994 年上市，到 2011 年的“浙报传媒”借壳和 2012 年第一只新闻网站股票“人民网”的 IPO，各媒体企业在通过资本运营实现融合发展的道路上不断创新，日行日远，不断提升发展的空间和实现了自身业绩和社会效益的同步提升。尽管这些年媒体资本运营活动频繁，一片热火朝天的景象，但细细盘点这些企业的资本运营动因、目的却发现各不相同。有基于管理层政策考量的，有基于短期运营目的的，但真正基于整个传媒行业发展的——新形势下传统媒体向何处去——的定位而进行谋划的不多。因此，我们也就不难理解，为何我们很多上市媒体企业虽然通过资本市场融资不菲，但其商业模式依然照旧，业务仍然单一，电视还是电视，报纸还是报纸，创新不突出，甚至仍然延续着“二次销售”的商业模式，如此运营，并不能真正实现媒体融合，也就无法达到构筑新的传播体系、实现跨越发展的目标，面对新媒体的挑战，也自然底气不足，期盼政策红利再现。

最近几年阿里巴巴集团不断通过资本运营手段收购媒体的举措也让人们从另一个角度反思基于资本运营的我国媒体融合路径。根据一些媒体报道的数据统计，阿里巴巴集团近年通过直接、间接等方式，将 20 余家媒体纳入其集团体系，实现了其媒体版图的全国性乃至全球性扩张，构筑了其所谓的“生态圈”：其入股的第一财经和博雅天下虽然是传统媒体，但在行业中具有重要地位，而华数传媒、优酷土豆、华谊兄弟、光线传媒、阿里影业则在当前的视频影音领域独领风光，新浪微博、陌陌等为其在社交领域开辟了新的流量入口；36 氪、虎嗅、钛媒体、今日头条为其移动端新媒体的拓展冲锋陷阵。这样一个非基于地域的多元化的传媒生态圈为阿里巴巴构筑了良好的舆论与产品传播体系，并为其商业模式的多元化提供了支撑与新的利润增长空间。作为具有千亿美元市值的阿里巴巴尚考虑通过业务的多元化聚合助推其战略性业务发展，而处于变革挑战中的我国传统媒体如果可以通过资本的杠杆撬动停滞甚至负增长的营收进而实现媒体融合的战略目标，那么阿里的战略路径就值得好好借鉴。

第三节　基于制度逻辑的媒体融合发展进程

一、传媒制度变迁与媒体融合进程回顾

谈及基于制度逻辑的媒体融合现状，媒介制度的变迁是个绕不开的话题。潘祥辉一改以往学者们对中国传媒制度变迁的研究只局限于把1978年当作制度变迁的起点的传统，从历史制度主义的视角，以始于1840年中国近代社会的转型为切入点，将中国第一份现代意义上的媒介《察世俗每月统记传》作为起始，将中国传媒制度变迁的历史分为四个阶段：近代（1815~1911年）、现代（1911~1949年）、当代（1949~1978年）、1978年以来。在此基础上，他将清代以来的中国传媒制度变迁历史分为四个单元：近代（1840年前后~1911年），近现代意义上的中国媒介产生，奠定了中国现代媒介的基本面貌，媒介形式及经营管理模式有了突破，例如，演化出了精英型报刊、政论型报刊和商业型报刊；现代（1911~1949年），这一时期政党媒介、商业媒介与精英媒介进一步发展完善，并一度带来了新闻出版与言论的自由，西方传媒制度在这一时期被引入；当代（1949~1978年），党媒居于垄断地位，传媒所有制国有化，商业媒介隐退，传媒制度克隆苏联模式，传媒机构布局

条块分割；1978 年至今，传媒机构重新演化为半意识形态半商业媒体，宏观管理坚守党管媒体、经营上实行企业化管理的传媒制度“二元体制”形成。[①]

自 1978 年至今四十余年，我国传媒制度的变迁不断向实现媒介传播的时空自由的方向演进，并推动着传媒机构不断成长、壮大。正如学者胡正荣、李继东在论述媒介规制时所说，我国媒介规制变迁从变迁的轨迹来看具有“内紧外松”的明显特征，在政治上强化党在意识形态中的领导地位，在经济上逐步放松经济规制。[②] 以报业为例，葛岩等学者将 1978 年以来的传媒制度变迁划分为“1978 双轨模式”（1978～1994 年）和“集团化”（1994 年之后）两段。1978 年，《人民日报》等 8 家中央级新闻单位被财政部批准实行“事业单位、企业化管理”的“双轨管理模式”，采用这一模式的主要出发点是基于“要追求经济效率又试图继续将舆论置于能够控制的框架之中”以解决财政对新闻出版事业投入不足的困境的考量。[③] 这一时期，报纸数量和订户大幅增长，报业经济效益和社会影响力不断提升，报业以及广播电视等新闻出版行业获得了蓬勃发展。但这一模式“依行政级别对待报纸的规制没有根本变化，党报和高行政级别报纸通常可以获得更好的行政资源”，“报业市场从来没有成为真正的市场”。[④] 同时，随着报业市场经营的开启，利用各种资源进入这一行业的各层级机构不断增多，报业竞争出现，并导致机构质量与效益参差不齐，退出机制缺位，竞争无序。面对这一形势，1994 年，《关于书报刊音像出版单位成立集团问题的通知》由国家新闻出版

---

① 潘祥辉：《中国媒介制度变迁的演化机制研究——一种历史制度主义的视角》，浙江大学博士学位论文，2008 年，第 20～21 页。

② 胡正荣、李继东：《我国媒介规制变迁的制度困境及其意识形态根源》，载于《新闻大学》2005 年第 1 期。

③ 葛岩、吴予敏等：《制度变迁视野里的报业市场格局》，上海交通大学出版社 2012 年版，第 11 页。

④ 葛岩、吴予敏等：《制度变迁视野里的报业市场格局》，上海交通大学出版社 2012 年版，第 15 页。

署下发，开启了我国报业集团化制度序幕，在此背景下广州日报报业集团于1996年建立，广播电视业也紧随其后于1999年成立了我国第一家广播电视集团——无锡广播电视集团。截至目前，我国报业集团已超过40家，报业集团凭借其政策、社会资源优势，成为所在区域的传媒业的龙头和我国传媒行业中的中坚力量。但这一时期的报业乃至传媒行业“集团化”浪潮并未完全释放传媒机构的市场潜力与活力，大部分传媒机构的“集团化”都是在政府的主导下进行的被动联姻，而非基于自身市场发展需要而主动谋求出路，与当前传统媒体面临新媒体冲击而谋求媒体融合的情境相去甚远。同时，这些被动联姻的“集团化”基本都限定于以省市行政区域为范围，大部分也仅局限于原来的报业或广电行业内部母子关系或上下级关系的传媒机构集团化，这样一种资源整合的模式其实并不能充分调动既有的财力物力实现“1 + 1 > 2”的协同效应，更不能充分发挥资本的杠杆作用，实现传媒机构的质与量的提升。

自“双轨模式”和“集团化”后，我国传媒制度变迁在我国经济体制改革背景下启动了新一轮改革大幕，传媒制度变迁进入“资本化”阶段。2001年，《关于深化新闻出版广播影视业改革的若干意见》放宽了媒体单位融资的规定，出版集团、报业集团、广电集团的新闻宣传部门经批准可在新闻出版广播电视部门融资，其经营部门经批准可以以有限公司或股份公司的形式，吸收国有大型企事业单位的资金，同时，鼓励媒体集团采取兼并重组、合作联营等资本运营形式进行多媒体兼营、跨地区经营，允许经营性资产上市。2003年《中央宣传部、文化部、国家广电总局、新闻出版总署关于文化体制改革试点工作的意见》出台，该文件将文化体制改革分为公益性文化事业单位和经营性文化企业单位两大类进行，允许重要新闻媒体和重要出版社以资本为纽带，其印刷、广告、发行和传输等经营服务部分可转制为企业。同时规定，新闻媒体和出版社在确保国家控股前提下，经批准可吸收国内社会资金和可扩大融资试点，但投资方不能参与宣传编辑业务，而影院改造、音像制品、电子出版物和书报刊分销、广告经营等领域可吸收境外资金和社会资金。2005 年 12 月《中共中央、国务院关于深化文化体制改革的若干意见》指出，要“重塑文化市场主体。按照现代企业制度的要求，加快推进国有文化企业的公司制改造，完善法人治理结构”；“支持和鼓励大型国有文化企业和企业集团实行跨地区、跨行业兼并重组……鼓励同一地区的媒体下属经营性公司之间互相参股”；“鼓励和支持非公有资本以多种形式进入政策许可的文化产业领域”。2009 年，《关于进一步推进新闻出版体制改革的指导意见》指出，“推动跨媒体、跨地区、跨行业、跨所有制的战略重组”，“大力发展数字出版、网络出版、手机出版等新业态”，“加快实现由传统媒体为主向传统媒体与新兴媒体融合发展的转变”。为进一步推动媒体机构转企改制，2009 年 9 月，国务院新闻办公室下发《关于重点新闻网站转企改制试点工作方案》，对人民网、央视网、新华网、浙江在线、华声在线、四川新闻网等 10 家全国重点新闻网站转企改制试点进行部署。2011 年 4 月，中共中央对外宣传办公室又下发《关于积极推进新闻网站转企改制和上市融资的意见》，新闻网站转企改制工作全面铺开。

随着媒介制度变迁进入“资本化”阶段，我国传媒机构纷纷试水资本市场，开启资本运营的大门。以报业为例，自成都博瑞传播股份有限公司借壳四川电器上市以来，已有博瑞传播、新华传媒、华闻传媒、粤传媒、浙报传媒、华媒控股等 6 家上市企业，参见表 3 – 3。也是在这一背景下，我国第一家整体上市的传媒企业——人民网股份有限公司于 2012 年 4 月 27 日在上海成功实现 IPO。在这一制度变迁的政策红利滋养下，广播电视媒体也纷纷进入资本市场，广电网络、天威视讯、吉视传媒、湖北广电、江苏有线等以有线电视网络运营为主营业务的媒体企业成功上市。再进一步考察这些上市企业，从业务结构看，主要是发行、印刷、广告、有线网络等经营类业务；从上市形式看，以借壳上市为主，IPO 占比较少。而这些现象背后的原因，其实也是我国传媒制度规制的结果。国家一直坚守党在意识形态领域领导地位的原则不放松，而对媒体的市场经营，则尽可能放开、推上市场。因此，对媒体机构的经营业务实行资本化运营是具有现实意义与可操作性的，也为实践所证明。而之所以媒体机构上市大部分通过借壳而非IPO，其实也是制度框架下的产物。因为一方面IPO的流程较复杂、时间较长、要求更严，另一方面，媒体又具有其意识形态的特殊性，媒体企业上市相对于一般商业企业上市具有更多管制与政策制约因素，而这些管制在目前社会与政治环境下尚不能完全解决，喧嚣一时的某报业集团2011年拟借壳上市最后因未如期获得政府批文而搁浅就是一个典型案例。

表3-3　　报业上市企业

公司名称	股票名称	上市形式	上市时间
成都博瑞传播股份有限公司	博瑞传播	借壳	2000.1
上海新华传媒股份有限公司	新华传媒	借壳	2006.9
华闻传媒投资集团股份有限公司	华闻传媒	借壳	2006.11
广东广州日报传媒股份有限公司	粤传媒	IPO	2007.11
浙报传媒集团股份有限公司	浙数文化	借壳	2011.9
浙江华媒控股股份有限公司	华媒控股	借壳	2015.1

资料来源：各上市企业官方网站。

长期以来形成的条块分割、新闻出版与广电分业监管的模式随着2013年3月《国务院机构改革和职能转变方案》的出台也得以变革。根据该方案，原国家新闻出版总署和国家广播电影电视总局合并为国家新闻出版广播电影电视总局并于2013年3月22日挂牌。整合后两部门在传媒领域职能冲突和相互重叠的矛盾得到消解，打破了长期以来分业监管的传统，这一重要制度变革对深化文化体制改革、加速文化产业整合具有重要现实意义，使拥有资源优势的传媒集团有望通过跨行业、跨媒体重组迅速壮大，实现多元化经营从而构建大型传媒集团。2018年以来随着中央机构改革的统一推进，从中央到地方新闻出版与广播电视行业监管再次进行了职能划分，目前尚处于磨合期，其制度效率如何还有待实践的检验与不断优化。

毫无疑问，媒介制度对传媒行业的市场规模、发展方向起着重要引导甚至决定作用。除此之外，国家政策等制度的调整也直接对党报、广电等传统媒体的市场运营产生立竿见影的影响，并主导着其市场结构的发展。以我国党报集团为例，众所周知，报业近年来广告市场逐年下降，广告营收日趋萎缩。虽然从整体看，报业广告和发行市场是在走下坡路，但其实这是一种结构性下行，下降的主要是都市报的广告和发行市场，而党报的发行和广告市场规模基本是缓慢上扬或保持平稳的，从西部某省传媒集团近年来广告收入结构变动趋势可见一斑，如图 3 - 2 所示。之所以出现这种结构性不均衡，主要原因还是制度红利滋养的结果。因为一方面党报作为党的机关报，其发行都由财政统一采购并由宣传部门监督发行到位，因此发行量基本稳定且缓慢增长。而都市报实行市场化运营，发行量由市场需求决定；另一方面，虽然近年来党政部门不断规范、严控财政支出规模，特别是“八项规定”出台后，各级党政部门对“三公”等预算经费进行了严格控制，但各级地方政府对地方形象传播越来越重视，在经费上给予了保障，因此，各地方政府在党报党刊和电视台的宣传投入方面不断加大，诸如“醉美贵州”等宣传广告片也

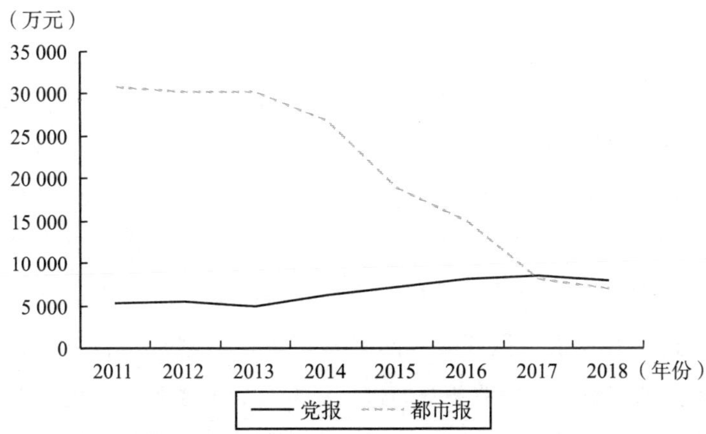

图 3 - 2　西部某报业集团 2011 ~ 2018 年广告收入结构变动趋势

资料来源：GD 传媒集团。

不断出现在央视等主流媒体。这一制度红利暂时部分缓解了新媒体对各传统媒体的市场冲击，但究竟能持续多久，能否支撑传统媒体的发展，答案恐怕是否定的，而其出路又在何方，将是政府、业界与学界需共同思考的问题。

从“事业单位、企业管理”二元体制到“集团化”和“资本化”，我国媒介制度逐渐为媒介机构的市场化创造制度环境，使得报业、广播电视等传统媒体在跨地域、跨行业、跨媒介经营方面迈开了探索的步伐，为实现媒介形态的融合提供了制度保证。在这一制度保证下，我国传统媒介机构在享受“党的喉舌”的特殊政策红利的同时也不断拓展着文化传媒市场的“富矿”，并造就了诸如南方报业、广州日报、湖南卫视等一批资产质量好、运营水平高、盈利能力强的传统媒体，实现了社会效益与经济效益的双丰收。但这一“强政治规制、松经济规制”的一系列制度安排在进入以互联网和移动互联网为特征的信息时代后，面对受众需求多元化、传播渠道分散化的传播格局，制度对传统媒体的政策红利已日渐消逝，传统媒体面对新媒体的市场蚕食，进行新旧媒体融合恐怕是最佳出路，而制度创新与变革，将是媒体融合的必要前提。

二、制度变迁新趋势：2014 年媒体融合元年

媒体融合的制度安排应该始于“三网融合”。三网指的是电信网、广播电视网和互联网。早期电信网、广播电视网和互联网依托不同的技术标准各自独立发展，随着技术进步，目前三网融合发展已破除了技术壁垒，制度上亦开始破冰。2010 年 1 月，《推进三网融合的总体方案》由国务院下发，将三网融合提升到培育战略性新兴产业的重要任务的高度予以推进，并要求组织开展三网融合试点。方案指出，三网融合的主要任务是推动广电、电信业务双向进入，允许符合条件的广电企业经营增值电信业务、基于有线电视网络提供的互联网接入与数据传送增值业务等电信业务，符合条件的国有电信企业可开展除时政类节目之外的广播电视

节目生产制作、传输、转播等网络音视频节目服务。2015 年 9 月，在试点基础上，国务院办公厅就三网融合再次出台国家层面的制度文件——《三网融合推广方案》，方案要求总结推广试点经验，将广电、电信业务双向进入扩大到全国范围并实质性开展工作。这一系列的政策发布，为推动信息网络基础设施互联互通和资源共享提供了制度保障和指明了方向，为媒体融合打开了制度壁垒。而在实践层面，各地已将这一制度落地实施，广电机构已开始全面推出电视、互联网合一业务，电信企业也已全面铺开 IPTV 的市场营销，电信网、广电网与互联网“三网融合”俨然成为当下“新常态”。

近年来以互联网特别是移动互联网为支撑发展起来的新兴媒体的出现，对传统媒体的舆论引导能力发出了巨大挑战，传统媒体的舆论主导地位受到极大威胁。此后，《关于推动传统媒体和新兴媒体融合发展的指导意见》（以下简称《指导意见》）发布，这是我国第一份就媒体融合出台的文件。该《指导意见》将推动传统媒体与新兴媒体融合发展上升到国家战略任务的层面，从而开启了我国媒体融合元年的序幕。《指导意见》指出，传统媒体要坚持先进技术为支撑、内容建设为根本，从内容、渠道、平台、经营、管理等五个方面与新兴媒体融合。融合的目标是打造一批新型主流媒体、建成几家新型媒体集团、形成现代传播体系。[①] 为实现这一系列目标，一是要重组媒体内部组织结构，二是构建现代化的立体传播体系，三是建立科学有效的媒体管理体制。[②] 随着中央《指导意见》的出台，各地纷纷出台推进媒体融合发展的地方实施办法，从而初步构筑了媒体融合的制度框架，为我国媒体融合提供了制度保障。

---

① 《关于推动传统媒体和新兴媒体融合发展的指导意见》摘要，载于人民日报社编：《融合元年——中国媒体融合发展年度报告（2014）》，人民日报出版社 2015 年版，第 257 页。

② 刘奇葆：《加快推动传统媒体和新兴媒体融合发展》，载于《人民日报》2014 年 4 月 23 日第 6 版。

第四节　我国媒体融合现状总体判断

传统媒体和新兴媒体的关系大体经历了三个阶段：第一阶段，传统媒体建设新兴媒体；第二阶段，传统媒体和新兴媒体互动发展；第三阶段，传统媒体和新兴媒体融合发展。① 我国传统媒体在技术推动下开始互联网站的建设，开启了媒体融合的初始序幕，并在制度、资本逻辑下逐渐向媒体融合的纵深推进，尽管推进速度有快有慢，融合程度发展不均衡，但我国传统媒体已正式进入媒体融合阶段，开始了具体融合路径的探索。从前述我国媒体融合路径进程回顾可以清晰地看出，我国媒体融合总体发展水平还处于媒体融合的初级阶段，或者称为浅层次融合阶段，其融合动因与动力基本是源于技术逻辑，也就是说是一种物理形态的融合，仅仅实现了传播渠道的多媒体化，尽管许多媒体宣称搭建了“全媒体”平台，但大多是物理形态的集中，并未实现化学反应式的聚合融通。基于市场运营的融合仍处于探索阶段，而媒介组织、产权融合更鲜有成功案例。因此，总体看，我国传统媒体的媒体融合现状或者说发展进程呈现三个基本特征：

一是大部分传统媒体的媒体融合尚处于自建“多媒介”传播平台阶段。尽管所有传统媒体均开始了互联网、移动互联网传播渠道的布局，各种“两微一端”、各种“云”层出不穷，但这仅仅是有多种传播媒介而已，只是实现了多媒介传播，媒介组织内部生产流程、组织结构还是停留在原有的模式，只是增设了新媒体部门而已，新旧媒体部门还是分头作战、各说各话、自成体系，并未形成合力，更谈不上立体传播体系的构建。

---

① 刘奇葆：《加快推动传统媒体和新兴媒体融合发展》，载于《人民日报》2014 年 4 月 23 日第 6 版。

二是少部分传统媒体通过整合资源对旗下新媒体平台进行重点培育，并通过联合、合作或借助资本市场的方式寻求旗下新兴媒体平台的发展、壮大。一些发展基础较好、理念较新的传统媒体在进行“多媒介”自我布局的同时，开始拓展思路与视野，积极寻求制度的突破，开始与新兴媒体联合、合作，搭建新的传播平台，例如许多报业集团与腾讯合作开办“大×网”等。这些基于传媒市场运作的深层次融合实践，为我国传统媒体的媒体融合提供了新的思路与路径。

三是极个别传统媒体通过资本运营收购新兴媒体，开始媒体融合的外向性扩张。这一新动态的典型代表即浙报传媒，通过上市融资募集数十亿元资金收购浩方电竞平台，迅速实现了新旧媒介平台的扩张和新兴媒介平台的布局。海量用户资源的聚集为其商业模式的创新奠定了坚实基础，新型互联网枢纽平台初见雏形。这一创新模式为我国传统媒体探索出了一条可行、有效的媒体融合路径。

与传统媒体推进媒体融合现状形成鲜明对比的是体制外新兴媒体的快速扩张、壮大。以百度、阿里巴巴、腾讯为代表的巨头，其融合、扩张的速度是传统媒体所望尘莫及的，其主要的扩张模式就是借助先进技术实力，充分运用资本的力量，通过兼并、收购等方式实现横向、纵向扩张，形成了一条高效的体制外扩张路径。体制外新兴媒体收购、兼并传统媒体不是资本的问题，而是制度和行业壁垒的问题，可以试想，我国传统媒体如果缺乏政策与制度壁垒，这些强势新兴媒体将在短时间内实现对传统媒体的市场吞食。缺乏制度的行业禁入保护，传统媒体恐怕难逃“被收购”的命运，而这也是目前国家层面所担忧的，也是国家将传统媒体与新兴媒体融合作为国家战略层面予以推进的根本原因。因此，从这个角度看，这些强势体制外新兴媒体的扩张路径应该是值得传统媒体深思与借鉴的。

纵观世界范围传统媒体的融合之路与发展轨迹，其演进路径基本上是一致的，具有明显的阶段性和路径依赖特征。在融合初期，所有传统媒体基本着力于构建各种形态的新媒体平台，实现传播渠道的多元化，即媒介形态的融合。面对传统媒体的融合态势，体制外新兴媒体亦非坐等传统媒体的市场挤压，市场竞争的逻辑推动体制外新兴媒体不断进行商业模式的创新，使传统媒体基于形态融合的模式再次陷入生存危机。与体制外新兴媒体合作、进行市场运营层面的深度融合成为传统媒体的必然选择，即进入传媒市场运营融合阶段。

面对新兴媒体对传统媒体在人才、渠道、市场、受众方面的全方位竞争和其舆论影响力的日渐增强，传统媒体面临被边缘化、话语权丧失的严峻形势。在此背景下，党中央审时度势，提出了全面推进传统媒体与新兴媒体融合的战略目标。而这一战略目标的实现必定要求传统媒体的媒体融合走出形态融合的桎梏，向市场运作融合升级，而其终极目标是要实现组织融合、产权融合，即进入媒体融合的第三阶段。

第四章

中国报业媒体融合宏观考察

2009 年 8 月 30 日新浪微博正式上线并发布第一条微博，此后，这种源自美国推特的社交传播模式便声名鹊起，并引领了行业的喷发，腾讯、搜狐、网易等互联网门户纷纷上线微博平台，2010 年成为微博元年，微博逐渐成为大众获取资讯最快捷的渠道和传统媒体重要的新闻线索来源，并逐渐建构起民间舆论场，给传统媒体带来新的挑战。时隔一年，微信的正式上线加速了传媒生态环境的竞争态势，从此“三国混战”，以报业、广播电视为代表的传统媒体真切感受到“狼”真的来了，并由此而形成了继互联网之后传统媒体与新兴媒体第二次大规模融合浪潮，众多传统媒体纷纷探索媒体融合的新路径，期待通过新旧媒介的融合实现受众市场的逆转。然而，逆水行舟般的探索之路从开始便注定困难重重，而困境之中，亦不乏存在凤凰涅槃的机遇，能否抓住这些机遇则是媒体融合路径探索成功与否的关键。

第一节　中国报业媒体融合路径瓶颈溯源

制度困境是我国报业等传统媒体进行媒体融合路径探索的瓶颈。正如胡正荣教授所指出，我国的媒介制度是强制性制度变迁过程中的特殊产物，媒介要确保为党、政府和人民服务，这就造成我国的传统媒体既受国家的行政干扰，又受到商业利益的侵蚀，从而致使媒介陷入许多制度造成的困境中。[①] 纵观我国报业的发展及当前面临的问题，从表面看，似乎是资金、技术、理念等问题，但其背后的实质原因在于体制与制度制约。当前我国传媒领域是按照行政区划与级别配置媒介资源的，从中央到地方，基本划分为四级媒体：中央级、省市区级、地市级和县级，这种行政性的媒介资源配置本身就充满计划经济的色彩，各级媒体都有各自的势力范围并受所在区域行政部门管理与约束，而由于文化体制改革尚在进程中，一些管理体制尚未完全理顺，诸如现代企业制度不健全等问题使各级媒体陷于经营迷茫之中，面对媒体改革转型和传统媒体与新兴媒体融合的大势，各级媒体面临诸多体制与制度困境。

一、媒体产权主体模糊

我国媒体国有的管理体制有两层含义。第一层含义是指意识形态，即党管媒体，媒体作为党、国家和人民的喉舌功能不能变，国家各级媒体机构担当着传播国家政策、方针和引导意识形态的职能，并由此而建构起我国官方舆论场域。在这一体制下，形成了严格的行业准入壁垒，导致我国传统媒体在转型过程中的技术引入、资本运营等受到诸多限制，延缓了转型进程。第二层含义是指我国媒介机构所有权属于国家，即全民所有制。这看似产权主体清晰，其实所有者很难“具体化”“人格化”，最后造成产权主体多元，主体模糊，多头管理，权责不清。“任何产权，如果其所有者是确定的且是唯一的，那么这个产权就是明晰

① 胡正荣、李继东：《我国媒介规制变迁的制度困境及其意识形态根源》，载于《新闻大学》2005年第1期。

的”,[①] 明晰的产权可以有效激励企业和规范管理其行为，使企业效用最大化。以我国报业集团为例，报业集团的宣传业务接受党委宣传部的领导，资产则由财政部门或国有资产管理部门进行形式上的监管，虽然从形式上看出资人很明确，但在实际管理过程中财政、国资部门很难真正履行出资人职责，集团资产的保值增值没有考核评定，传媒机构经营业绩好坏没有激励机制约束，亦无问责，显然，这样的产权模式无法将传媒机构推向全面的市场竞争，面对新兴媒体的崛起，自然只有被蚕食了。

二、媒体现代企业制度不健全

作为我国传媒管理体制改革的一个重要举措，集团化曾有力地推动了我国媒介产业的发展。但我国的媒体集团化是行政力量主导下的被动市场化，是“由政府命令和法律引入和实现的强制性制度变迁”[②]。虽然通过集团化，作为传媒的所有者国家让渡了一部分权利给传媒集团，但传媒集团仍然是以代理人的身份参与日常生产，并不能从根本上激励传媒集团进行市场创新。在这一行政权力的推动下建立的传媒集团模式是不彻底的传媒产业体制改革，许多传媒机构有集团之名，无集团之实。许多传媒机构建立的集团尚属于事业法人而非企业法人，因而其现代企业制度亦不健全。以我国报业集团为例，大部分报业集团建立了两个法人：一个是事业法人，一个是企业法人。两块牌子，一班人马，这一模式下造成事业法人与企业法人治理结构不完善、职责不清、决策流程冗长，对传媒机构发展极为不利，特别是面临当前转型的关键时期，往往因为组织结构臃肿、效率低下而错失发展机遇。而明知目前模式已不适应市场形势发展，作为集团层面却无法做出调整、变革，因为组织结构的调整权限在上级组织部门，这种科层制下的治理结构使媒介机构陷于

① 卢现祥：《西方新制度经济学》，中国发展出版社2003年版，第167页。

② 卢现祥：《西方新制度经济学》，中国发展出版社2003年版，第110页。

进退两难的境地。

三、媒体组织市场创新不足

一元制度是指媒体为国家所有制，二元运行是指媒体机构既要完成国家的意识形态宣传任务，又要通过市场经营获取收入支撑媒体的运行，即用市场上赚取的经济收入完成意识形态领域的政治任务。[①] 在这一模式下，作为传媒机构的所有者国家和作为传媒机构代理人的传媒集团其偏好是错位的，国家只要求传媒机构做好意识形态的宣传职能，而作为传媒机构，既不能违背所有者——国家的意图，又不能忽视自身生存的现实诉求，其骨子里是有追求经济效益的偏好的，这种"两面人"的尴尬使传媒机构顾此失彼，造成效率低下的问题。当前我国的传媒资源配置中并非像西方一些国家那样实行公益媒体与商业媒体分设，而是公益与商业兼顾，媒体机构通过商业经营实现公益目的，财政资金对媒体的支持只占很少比例，远远不能支撑媒体的运营。这种"一元制度、二元运作"的体制使传媒机构在经济效益与社会效益两个目标间来回游离，经常造成目标间的失衡，削弱了传媒机构的市场敏锐性，市场创新不足，使其陷于经营困境，最后造成经济效益未实现，社会效益也未彰显，舆论引导的制高点也屡屡遭受体制外新兴媒体的挑战。

总之，传统媒体应对新兴媒体挑战的转型方向毫无疑问就是进行传统媒体与新兴媒体的深度融合，但体制与制度成为融合的瓶颈与关键制约因素，因此，针对上述存在的问题进行体制、制度创新将是成功推进媒体融合的重要路径方向。

---

① 胡正荣：《后 WTO 时代我国媒介产业重组及其资本化结果——对我国媒介发展的政治经济学分析》，载于《新闻大学》2003 年第 3 期。

第二节　生命周期场景下报业融合动力机制

一、产品生命周期理论与传媒产业生命周期理论

产品生命周期理论是美国哈佛大学教授雷蒙德·弗农在研究国际投资、国际贸易和国际竞争时于1966年在其《产品周期中的国际投资与国际贸易》一文中首次提出的。该理论将产品的周期划分为新产品创新阶段、产品成熟阶段和产品标准化阶段。1982年，戈特和克莱伯在对46个产品最多长达73年的时间序列数据进行分析的基础上，按产业中的厂商数目将产品生命周期划分为引入、大量进入、稳定、淘汰和成熟五个阶段，从而形成了产业经济学意义上的产业生命周期理论。美国传媒经济学者罗伯特·皮卡特（Robert G. Picard）将传媒产业生命周期划分为引入、成长、成熟和衰退四个阶段，他根据传媒产业的细分行业，对各类媒体处于生命周期的何种阶段作出判断，认为流媒体、在线视频处于引入阶段，卫星电视、在线传媒和多媒体处于成长阶段，而以唱片、书籍、电影、杂志、报纸、广播、录像、电视为代表的传统媒体已处于成熟阶段。他同时认为，在发达国家，所有主要的传统传媒产业都处于成熟阶段，而印刷媒体已处于成熟阶段后期，即将进入衰退期。[①]

二、中国报业生命周期与融合路径探索动力分析

菲利普·迈耶（Philip Meyer）预测2043年春季的某一天报纸将消

① ［美］罗伯特·皮卡特：《传媒管理学导论》，韩俊伟、常永新等译，人民邮电出版社2006年版，第21～22页。

失，他这一结论来自其对报纸读者数的趋势预测。[①] 美国的两家老牌报纸《塔克森市民报》和《安阿伯新闻报》于2009年5月宣布将不再出版纸质报纸，改为通过网络发行。2012年12月31日，美国《新闻周刊》结束纸质版运营全面向数字化转型。2013年12月23日，上海报业集团宣布旗下报纸《新闻晚报》将于2014年1月1日起停刊，报社全体人员将在集团内部通过全员竞聘重新确定岗位。这一波波报业的“地震”似乎在印证着报业衰退、消失的预言，那我国报业究竟处于行业生命周期的什么阶段呢？又该向何处去？

为进一步考察我国报业二十多年来的发展历程与变化趋势，笔者对我国报业的种类、印量和广告额三个指标进行了统计分析。从报纸种类数量看，1978年报纸的数量为186种，到1996年达到最高峰2 163种，此后虽有起伏，但总体趋势逐年下降，至2016年降至1 894种。报纸种类变动趋势如图4－1。

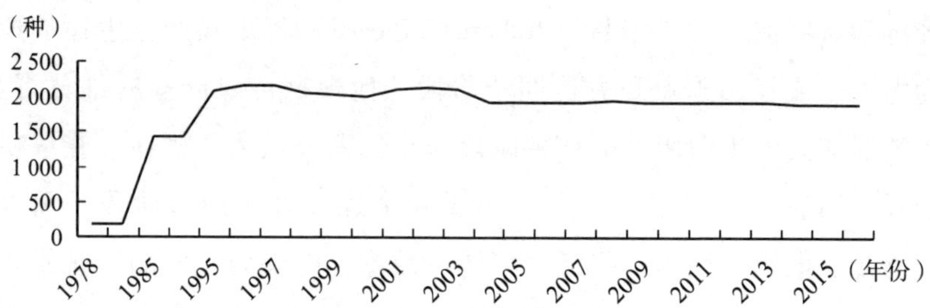

图4－1　报纸发行种数变动趋势

从平均各期印数看，1978年为4 280万份，此后逐年上升，至2007年突破两亿份，此后均维持在这个水平之上，但2014年开始下降，如图4－2所示。

---

① ［美］菲利普·迈耶：《正在消失的报纸：如何拯救信息时代的新闻业》，张卫平译，新华出版社2007年版，第14页。

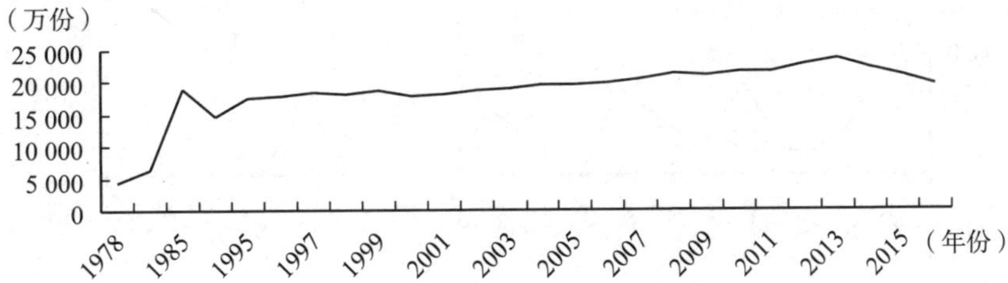

图4-2　报纸平均每期印数变动趋势

从广告额看，1985年报业广告总额为2.2亿元，此后的十年增幅较大，至1998年突破100亿元达到104.3亿元；这一时期，各省市党报纷纷创办都市报，报业广告迎来新的发展机遇，在这一形势下，至2011年报业广告到达487亿元的历史高点，较1998年增长367%，年均增长28.2%。随着微博、微信等新媒体的兴起，报业一路高歌的市场发展进入历史的拐点，传统媒体市场经营部门纷纷感受到新媒体给市场带来的冲击，并直接反映到行业的宏观数据上。据相关数据统计，2012年报业广告刊例总额比2011年下降7.5%，随后两年，移动互联网继续“发酵”，新兴媒体加快市场蚕食的步伐，传统媒体特别是报业市场运营继续下行，继2013年同比上年下降8.1%后，2014年降幅增至15%。[①] 而据CTR媒介智讯研究报告，2017年报业广告延续断崖式下跌，广告刊登额同比跌幅达32.5%。[②] 广告额变化趋势如图4-3所示。

互联网的发展，不但改变了传媒行业的规模，也改变了传媒行业的结构，报业收入在传媒产业总收入的比例已开始逐年下降。据相关研究数据[③]，2017年传媒行业总产值为18 966.7亿元，较上年增长16.6%，

---

① 报纸种数、印数、广告额基础数据来源：陶喜红：《中国传媒产业市场结构演变研究》，中国社会科学出版社2013年版，第45页；新闻出版政府信息公开查询系统：http://www.gapp.gov.cn/govpublic/60.shtml；崔保国：《2012年中国传媒产业发展报告》《2013年中国传媒产业发展报告》《中国传媒产业发展报告（2014）》《中国传媒产业发展报告（2015）》，社会科学文献出版社出版。

②③ 崔保国：《中国传媒产业发展报告（2018）》，社会科学文献出版社2018年版。

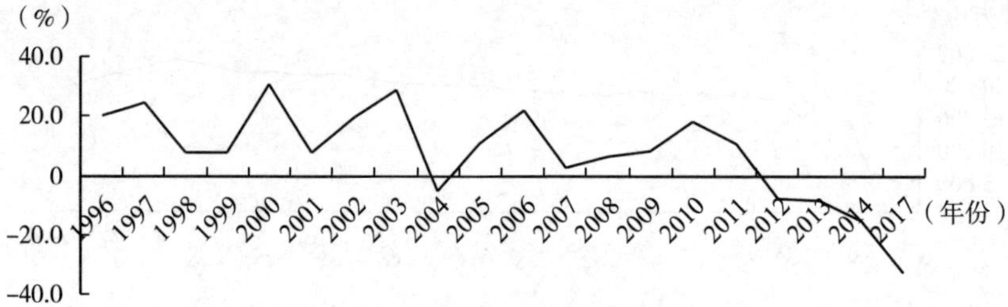

图 4－3　报纸广告增幅变动趋势

大大跑赢 GDP 增速，但平面媒体所占市场比重从 2011 年的 19% 降至 6%。与此相反，互联网与移动增值市场的份额已从 2011 年的 38% 增长到 2017 年的 66%，报业、广播电视、期刊和图书等传统媒体市场占比仅三分之一，互联网相关的新兴媒体已占据了传媒产业的半壁江山（包括移动增值、网络广告和游戏），这是报纸产业正日渐衰退的直观表现，如图 4－4 所示，传统媒体已到了战略转型的生死存亡关头。

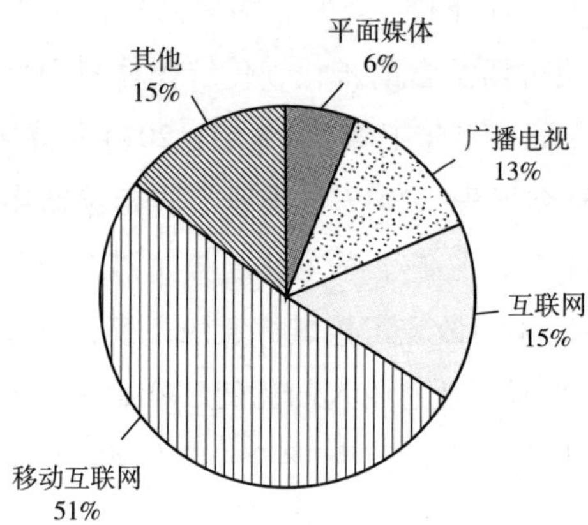

图 4－4　2017 年中国传媒产业市场结构

从前述报纸种数及印量变动趋势可以看出，2013 年以来报业发行进入下行拐点，下行趋势相当明显。自上海报业集团宣布 2014 年 1 月 1 日停刊《新闻晚报》以来，报业开始进入停刊潮，特别是 2015 年，宣布停刊的公告此起彼伏，据不完全统计，2014 年、2015 年宣布停刊休刊的报纸超过 12 种，参见表 4－1，且大部分为曾经具有较强盈利能力的都市报。在已发布停刊公告的报纸中，既有行业报业，也有都市生活报纸，既有创刊三十年的老报、也有不满五周年的地市报，可以说许多报纸尚未分享到都市报“黄金十年”的红利就已匆匆别过。自 2014 年开始，报业经营断崖式下跌的范围已从北上广一线城市向中西部二三线城市蔓延、扩散，2015 年已迎来报业加速度下跌的行业性周期，时至今日，报业寒冬仍然看不到春天的脚步。

表 4－1　　2014～2016 年停刊报纸

报纸刊名	所属单位	创刊时间	停刊时间	备注
《新闻晚报》	上海报业集团	1999. 1. 1	2014. 1. 1	
《天天新报》	上海文化广播影视集团	1999. 1. 1	2014. 5. 1	
《房地产时报》	上海报业集团	2001. 1. 2	2014. 8. 1	
《杂文报》	河北日报报业集团	1983	2015. 1	
《北方新报·包头版》	内蒙古日报传媒集团	2010	2015. 1. 1	
《生活新报》	云南省残疾人联合会	1999. 8. 11	2015. 7. 1	休刊
《长株潭报》	湖南日报报业集团	2011. 6. 6	2015. 9. 21	休刊
《上海商报》	中共上海市委财贸工作委员会和上海市人民政府财贸办	1985. 10. 3	2015. 10. 1	
《今日早报》	浙江日报报业集团	2000. 10. 8	2016. 1. 1	转向集团其他纸媒及新媒体
《九江晨报》	九江日报社	2010. 10. 11	2016. 1. 1	转向新媒体
《鹤都晚刊》	昭通日报社	2007. 7	2016. 1. 1	
《都市周报》	杭州日报报业集团	2007. 4. 12	2016. 1. 1	转向手机终端、微信等新媒体

资料来源：根据各报停刊公告及新闻报道统计。

从上述数据可以看出，自 1978 年实行“事业单位、企业管理”模式以来，中国报业逐步向市场化运营的方向迈进，市场经营主体和印刷、发行、广告等业务板块市场规模逐渐扩大。而其各业务板块规模也呈现出结构不均衡的特点，这与我国市场经济的进程也是一致的。在报业发展前期，整个商品经济发展尚处于起步阶段，报业刚迈开市场化步子，主要以市场经营主体（报纸种类）快速增加、印量增大为主，而广告提升较缓慢，整个报业处于起步阶段。进入 20 世纪末，报业种类、发行进入平稳增长期，同时我国市场经济体制逐步建立起来，广告业迅速发展并成为报业的利润支柱，整个报业成为文化产业中的重要组成部分，报业逐渐成长，到 21 世纪初报业发展进入成熟阶段。经历了起步、成长、成熟等阶段后，自 2011 年开始，报业进入发展拐点，逐渐转入传统市场规模下行轨道。

纵观上述分析不难得出这样的结论，即中国报业已进入产业衰退期，产业的全面下行已然是世界性趋势。面对这一形势，我国报业选择了媒体融合作为转型发展的战略举措，这是困境中寻找生机的明智之举，但也存在诸多不确定因素，这取决于各个媒体组织融合路径的探索与选择，选择了正确的路径，将使组织实现“鹰的重生”，选择了错误的路径，将使组织不堪重负，雪上加霜，加速被市场边缘化的进程，甚至退出市场。

正如产品生命周期理论所描述的，任何产品、产业均会经历引入、成长、成熟、衰退等阶段，产品、产业生命规律也如此，报业的发展也不可能例外于这一规律。从前述我国报业近年发展状况不难看出，报业市场经营形势一年比一年严峻，报业已进入生死存亡的紧要关头，非一般变革能解决当下困境，目前在考虑如何发展壮大的同时更多的应该思考如何生存的问题。我国自第一份报纸问世以来，百余年的报业进程目前已逐渐迈过成熟期开始走向衰退，而衰退之后是彻底退出历史舞台还是以另一种模式再生？答案是后者。按照达尔文（Charles Robert Darwin）的生物进化论观点，物种只是特征相对稳定和显著的变种，种群较大的优势物种都有产生新的和优势类型的倾向，自然选择的结果是新的物种最终取代旧的物种类型。① 作为承担资讯信息传播主体责任的传统媒体，对人们日益增长的精神文化需求而言有其存在的意义与现实需求，因此，报业死的或许应该是“纸”，而非“报”。也就是说，作为报业传播的内容而言，其受众市场是永恒存在的，只不过传播的主体是谁、传播的方式如何选择而已。因此，作为报业乃至传统媒体，从战略层面说，其“铁肩担道义”的担当精神应该继续发扬，而对受众需求的市场自信亦当保有；从战术层面说，则应该思考如何生产更多、更切合受众需求的资讯产品以满足其日益增长的文化需求，并通过便捷、多元化的渠道到达受众。而这也就是作为传统媒体的报业探索媒体融合路径的方向所在。因此，尽管报业已处于产业衰退期，使其陷入生存的困境，但这既给了报业推进媒体融合的现实动力与机遇，又为媒体融合路径探索提供了新的空间与挑战，这种环境的倒逼迫使我国报业等传统媒体积极寻求媒体融合的成功路径。也就是说，体制外新兴媒体的市场竞争，使传统媒体的运营变得不经济，交易费用越来越高，使其具备了进行诱致性制度变迁的动力源泉。

第三节　中国报业媒体融合的机遇与挑战

为进一步考察中国报业媒体融合路径探索所处的宏观环境，分析报业乃至传统媒体融合路径探索面临的机遇与挑战，本研究利用 PEST 分析工具对我国报业当前进行媒体融合所处的政治、经济、社会和技术环境进一步做定性和定量分析，为媒体融合路径探索提供可资借鉴的依据。

---

① ［英］查理·达尔文：《物种起源》，何滟编译，重庆出版社 2014 年版，第 403 ~404 页。

一、当前政治环境下融合路径探索的机遇

政治环境是指国家对企业经营具有实际或潜在影响的政治力量和法律法规状况，包括政治体制与制度、政府管制等。我国实行中国共产党领导的多党合作和政治协商的基本政治制度，而党报作为党的“喉舌”，承担着宣传党的思想、方针、政策，主导社会舆论的重任，因此，对以党报为主体的我国报业集团而言，我国报业拥有极好的政策优势与社会资源，并以此而获得先天的市场发展空间，并且，我国政治稳定，人民安居乐业，这一良好的政治生态，是党报、广电等传统媒体拥有的不可替代的竞争优势。当然，凡事有利必有弊，党报、广电等传统媒体先天占据了这一资源禀赋优势，往往因此而忽视了创新与市场拓展，其实，这也就是传统媒体要进行媒体融合的元点。

从法律法规来看，从《中华人民共和国宪法》到部门法，已形成了较为完备的法律体系，从行业准入到业务拓展有一整套规范传媒行业发展的法律法规，有法可依，有章可循。尽管从法律法规层面有良好的制度体系作保障，但在实践过程中，特别在一些操作的层面尚需进一步完善。例如，虽然《中华人民共和国专利法》《中华人民共和国著作权法》等知识产权法早就颁布实施，也有明确条款规定对侵权行为予以惩戒，但在执行过程中仍有大量侵权行为发生并已严重损害到传统媒体的发展，很明显的例子就是网络等新兴媒体对传统媒体内容的侵权。当前，许多新兴媒体只做内容的搬运工，未经授权即将传统媒体生产的内容通过网络技术搬到各自平台进行二次发布。对这些侵权行为，由于侵权主体分散、数量多，维权成本高而使被侵权媒体难以及时维权，造成媒介内容侵权成为常态，知识成为“无产权”，并扰乱了整个传媒行业的市场秩序，对传媒行业的商业模式造成冲击，进而危及整个传媒行业的健康发展。因此，面对这一现状，不但要从法律法规层面进行制度完善，更重要的是要加强行业职业道德教育，培养良好的职业道德环境和

尊重知识的自觉性。

从国家政策层面看，目前文化产业已上升为国家战略（详见中国共产党第十七届中央委员会第六次全体会议《中共中央关于深化文化体制改革、推动社会主义文化大发展大繁荣若干重大问题的决定》）。作为文化产业很重要的一部分，传媒产业自然成为国家战略的重要一环。2014年8月18日中央全面深化改革领导小组第四次会议审议通过的《关于推动传统媒体和新兴媒体融合发展的指导意见》将媒体融合上升到国家战略的层面予以部署，更彰显了国家高层对传统媒体发展的重视，为传统媒体发展营造了良好的政策环境。

综上所述，从政治环境来说，目前我国政治稳定，法制体系健全，为我国报业乃至传统媒体探索融合路径营造了良好发展氛围与环境。而更重要的是，从制度层面看，推进媒体融合已上升为国家战略，国家已从顶层设计的高度对媒体融合给予了重视与支持，国家鼓励传统媒体大力推进媒体融合，各级党委政府也出台一系列推进媒体融合的配套政策，这成为我国传统媒体在行业下行逆境中最大的机遇与政策红利。尽管随着受众市场结构与规模的变化，既往一些政策优势对传统媒体的红利已释放得差不多，但这也正是传媒谋变和提升市场竞争力与扩大传播力的一次重要机会。机遇与挑战并行，构建现代传播体系、打造主流媒体、主导社会舆论是传统媒体的职责所在，国家政策已从战略的层面明确了发展目标，而媒体融合具体路径的探索与选择将是传统媒体必须担当的历史重任。

二、当前经济环境下融合路径探索的机遇

（一）国民经济数据分析

自2008年国际金融危机以来，我国宏观经济高速增长的趋势逐渐放缓，GDP增长率开始回调，特别是2012年以来，经济进入“新常态”，从年均10%的高速增长转向6%~7%的中高速增长。尽管增速放

缓，但经济结构和质量正不断调整、优化，而经济发展动力也正从传统增长点转向新的增长点。同时，2018 年我国 GDP 总量已达 90 万亿元，我国成为世界第二大经济体和重要的国际终端消费市场。第三产业仍保持年均 7.5% 以上的增速，第三产业增加值占 GDP 的比重逐年上升，2018 年已达 52.2%，接近我国国民经济的半壁江山。① 经济总量的增长和结构的优化为我国传统媒体奠定了良好的市场基础和提供了巨大的市场空间，为传统媒体的转型构建了良好的经济环境。

随着国民经济总量的不断增长，传媒产业规模也不断发展，已从 2010 年的 6 219 亿元增长到 2017 年的 18 966.7 亿元。② 传媒产业总产值占 GDP 的比重逐年增长，对国民经济的贡献不断提升，已从 2010 年的 1.52% 上升至 2017 年的 2.11%。而按照国家提出的文化产业要成为我国国民经济的支柱产业的目标，我国传媒产业尚有极大提升空间。

居民可支配收入指标指城乡居民户用于最终消费支出和其他非义务性支出及储蓄的总和，是反映居民生活水平的一个重要统计指标，通过对该指标的考察可以衡量被统计地区居民的消费能力与消费规模。根据统计数据③，自 2010 年以来，我国城镇居民人均可支配收入由 19 109 元增长至 2018 年的 39 251 元。随着居民人均可支配收入的增长，居民用于文化、娱乐的消费比重也不断上升，而国际经验也表明，随着人均 GDP 和可支配收入的提升，居民消费结构也会升级，居民的文化消费占总消费的比例会显著加强，这从电信业务的相关统计指标可得到印证。从电信业务总量指标来看，2011 年电信业务总量为 1.17 万亿元，2018 年增长至 6.5556 万亿元，增长了 5 倍。从移动电话用户的增长趋势看，2010 年移动电话用户的数量为 4 705 万户，至 2018 年已增长至 156 610

① 资料来源：国家统计局《2018 年国民经济和社会发展统计公报》，http://www.stats.gov.cn/tjsj/tjgb/ndtjgb/.

② 资料来源：崔保国：《中国传媒产业发展报告（2018 年）》，社会科学文献出版社 2018 年版，第 10 页。

③ 国民经济数据来源：国家统计局《2010－2018 年国民经济和社会发展统计公报》，http://www.stats.gov.cn/tjsj/tjgb/ndtjgb/.

万户，增长了30倍。国家经济的整体发展，提升了居民的生活水平，居民的购买能力获得同步提升，并由此而形成了巨大的文化消费市场，特别是文化娱乐需求，一定是建立在生活水平提升和可支配收入增加的基础之上的。当前随着我国经济发展、居民生活水平提高，人们对文化的市场需求不断扩大，为传媒企业提供了日益广阔的市场空间。

（二）传媒产业市场规模预测

城镇居民人均可支配收入水平的高低对居民消费结构具有较大影响作用，人均可支配收入越高，用于文化消费的比例也越高。为进一步分析我国传媒产业的市场规模与发展空间，本研究根据历年传媒产业总产值与城镇居民可支配收入间的关系，建立线性回归方程，对未来传媒产业的市场规模进行预测。

1. 数据统计

根据有关统计数据，我国近十年传媒业产值与城镇居民可支配收入具体数值详见表4－2。

表4－2　　我国城镇居民人均可支配收入与传媒业产值统计表

年度	城镇居民人均可支配收入（元/年）	传媒业产值（亿元）
2005	10 493	3 005
2006	11 759	3 369
2007	13 786	3 829
2008	15 781	4 455
2009	17 175	5 342
2010	19 109	6 220
2011	21 810	7 503
2012	24 565	9 433
2013	26 955	10 619

续表

年度	城镇居民人均可支配收入（元/年）	传媒业产值（亿元）
2014	28 844	12 359
2015	31 195	13 600
2016	33 616	16 271
2017	36 396	18 967

注：1. 城镇居民人均可支配收入资料来源：国家统计局《2005－2018 年国民经济和社会发展统计公报》，http：//www. stats. gov. cn/tjsj/tjgb/ndtjgb/；

2. 传媒业产值资料来源：崔保国：《中国传媒产业发展报告（2015 年）》，社会科学文献出版社 2015 年版，第 5 页；《中国传媒产业发展报告（2018）》，社会科学文献出版社 2018 年版，第 10 页。

2. 回归分析

本研究以城镇居民人均可支配收入为自变量 x，以国内传媒业产值为因变量 y，置信度为 95%，作线性回归分析，得到以下城镇居民人均可支配收入与传媒业产值回归方程：

$$y = 0.6x - 4\ 611.12$$

通过对该回归方程检验，所有参数都通过了检验，方程的解释度较高，可以较好地说明城镇居民人均可支配收入与传媒业产值存在线性相关，可以用城镇居民人均可支配收入指标对传媒产业产值进行预测。

3. 未来传媒业产值预测

自 2005 年以来，我国城镇居民人均可支配收入的年均增速为 11.9%，按此增幅，至 2025 年我国传媒业产值将达到 49 188.6 亿元，对 GDP 的贡献将超过 3%，传媒产业市场规模尚具有极大上升空间。

（三）传媒产业市场结构分析

1. PC 互联网、移动互联网等新兴媒体市场占比发展趋势

我国宏观经济增速放缓，整个国民经济进入“新常态”，尽管增速降低，但由于经过改革开放三十余年的发展，中国经济总量已进入新的高点，总体存量已迈入世界第二大经济体位次，基数日益增大，因此，

就算是小幅的增长，仍会带来较大的绝对增量，这是我国传媒产业面临的有利条件。但如同我国国民经济三大产业一样，传媒产业发展也存在内部市场结构不平衡的问题，不同时期各细分行业发展形成了不同的市场结构。当前我国传媒产业形成了印刷、广电等传统媒体和 PC 互联网、移动互联网等新兴媒体的细分行业板块①。在 20 世纪末 21 世纪初，印刷和广电等传统媒体成为市场的垄断者，具有不可比拟的竞争优势。随着互联网特别是移动互联网的普及，印刷、广电等传统媒体遭受 PC 和移动互联网等新兴媒体的挑战，市场份额不断被侵蚀，传媒产业进入了市场格局重新调整的关键时期。

据统计，截至 2019 年 6 月，互联网上网人数已从 2010 年的 4.57 亿人上升至 2019 年的 8.54 亿人，互联网普及率已达 61.2%；手机网民规模达到了 8.47 亿人，手机网民占网民比例为 99.1%。从获取新闻资讯的方式看，网络新闻成为网民获取资讯的主要方式。截至 2019 年 6 月，我国网络新闻用户规模为 6.86 亿人，网民使用率为 80.3%，其中手机网络新闻用户规模为 6.6 亿人，网民使用率为 78%。② 从这些数据可以看出，虽然网络普及率远未达到广播电视的普及率（98%以上），但其上升趋势迅猛，并且互联网已成为网民获取新闻资讯的主要渠道，传统媒体的受众已极大分流。

从广告经营数据来看，互联网广告近年来高速增长，已开始超越传统媒体。据相关研究统计，自 2010 年以来，我国互联网广告收入年均增速达 47.6%，2014 年达 1 540 亿元。互联网广告收入在传媒行业广告收入中的占比也逐年大幅提升，已从 2010 年占主要传媒广告收入的 21.6% 上升至 2014 年的 45.5%，而移动互联网最近五年增速已超越互

① 崔保国：《中国传媒产业发展报告（2015）》，社会科学文献出版社 2015 年版，第 2 页。

② 中国互联网信息中心：第 44 次《中国互联网络发展状况统计报告》，http：//www.cnnic.cn/。

联网，2017 年其市场份额已超过 50%。[①] 以移动互联网为代表的新媒体行业已逐渐占据传媒产业的桥头堡，市场格局已彻底改变。尽管中国经济总量不断上升，但传统媒体如果不谋变转型，市场的蛋糕将被新兴媒体瓜分殆尽。

2. 传媒产业市场集中度分析

市场集中度是决定市场结构最基本、最重要的因素。在市场结构分析中，经常使用市场集中度指标来测量整个行业的竞争和垄断程度。行业集中率是指该行业的相关市场内前 N 家最大的企业所占整个行业市场份额的总和，数值越大，集中度越高。计算公式如下：

$$CR_n = \sum_{i=1}^{n} S_i$$

式中，S_i 是第 i 个企业所占的市场份额，n 是该行业企业总数。

为考察传媒产业的市场结构情况，笔者在前期研究过程中曾分别选取 2013 年、2014 年的传统媒体和互联网新媒体行业中广告收入排名前 12 位的媒体企业为样本进行行业集中度分析，通过行业集中率（CR_n）指标测评传统媒体和互联网新兴媒体的市场集中度。

从测评结果看，传统媒体中央视等四家媒体市场份额占比为 25.2%，占整个传统媒体广告市场总量的四分之一，前 12 家媒体占比达 39.5%，市场集中度较高，并且央视一家独大。同时在前 12 家媒体机构中，只有深圳报业集团一家纸媒入围，说明在传统媒体中，也存在细分行业发展结构不平衡问题，广电依然占据传统媒体的主要广告市场，见表 4－3。

① 资料来源：郭全中、郭凤娟：《2014 年中国新媒体产业发展报告》，唐绪军等编：《中国新媒体发展报告 No. 6（2015）》，社会科学文献出版社 2015 年版，第 357 页；崔保国编：《2012 年中国传媒产业发展报告》《2013 年中国传媒产业发展报告》《中国传媒产业发展报告（2014 年）》《中国传媒产业发展报告（2015 年）》《中国传媒产业发展报告（2018 年）》，社会科学文献出版社出版。

表 4－3　　传统媒体市场集中度

<table>
<tr><th>媒体</th><th>CR_4</th><th>CR_8</th><th>CR_{12}</th></tr>
<tr><td>中央电视台</td><td rowspan="4">25.2%</td><td rowspan="8">34.1%</td><td rowspan="12">39.5%</td></tr>
<tr><td>湖南电视台</td></tr>
<tr><td>上海文化广播影视集团</td></tr>
<tr><td>江苏电视台</td></tr>
<tr><td>浙江广播电视集团</td><td></td></tr>
<tr><td>深圳报业集团</td><td></td></tr>
<tr><td>深圳广播电影电视集团</td><td></td></tr>
<tr><td>山东广播电视台</td><td></td></tr>
<tr><td>安徽广播电视台</td><td></td><td></td></tr>
<tr><td>辽宁电视台</td><td></td><td></td></tr>
<tr><td>天津电视台</td><td></td><td></td></tr>
<tr><td>河南电视台</td><td></td><td></td></tr>
</table>

资料来源：国家工商行政管理总局。

从互联网媒体市场集中率计算结果看，2014 年四家互联网企业巨头占了整个互联网市场份额的 64.9%，前八家互联网企业市场份额为 74%，前 12 家互联网企业则占了整个互联网市场份额的 77.3%，从数据可以看出，互联网媒体市场集中度相当高，整个市场为少数几个强势媒体垄断。同时，所选样本企业的市场集中度还处于上升过程中，CR_4 和 CR_{12} 数值 2014 年比 2013 年上升了 1.9 个百分点，CR_8 同比上升了 1.7 个百分点，我国互联网媒体市场将不断上演“马太效应”①。如表 4－4 所示。

① 马太效应（Matthew Effect），是指好的愈好，坏的愈坏，多的愈多，少的愈少的一种现象，用以描述社会生活领域中普遍存在的两极分化。

表 4－4　　　　互联网媒体市场集中度

<table>
<tr><th rowspan="2">媒体</th><th colspan="3">2013 年</th><th colspan="3">2014 年</th></tr>
<tr><th>CR_4</th><th>CR_8</th><th>CR_{12}</th><th>CR_4</th><th>CR_8</th><th>CR_{12}</th></tr>
<tr><td>百度</td><td rowspan="4">63.0%</td><td rowspan="8">72.3%</td><td rowspan="12">75.4%</td><td rowspan="4">64.9%</td><td rowspan="8">74.0%</td><td rowspan="12">77.3%</td></tr>
<tr><td>阿里巴巴</td></tr>
<tr><td>腾讯</td></tr>
<tr><td>搜狐</td></tr>
<tr><td>奇虎 360</td><td></td><td></td></tr>
<tr><td>新浪</td><td></td><td></td></tr>
<tr><td>优酷土豆</td><td></td><td></td></tr>
<tr><td>搜房</td><td></td><td></td></tr>
<tr><td>网易</td><td></td><td></td><td></td><td></td></tr>
<tr><td>易车网</td><td></td><td></td><td></td><td></td></tr>
<tr><td>凤凰新媒体</td><td></td><td></td><td></td><td></td></tr>
<tr><td>汽车之家</td><td></td><td></td><td></td><td></td></tr>
</table>

资料来源：郭全中、郭凤娟：《2014 年中国新媒体产业发展报告》；唐绪军等编：《中国新媒体发展报告 No. 6（2015）》，社会科学文献出版社 2015 年版。

从整个传媒产业来看，百度、阿里巴巴、央视和湖南电视台四家媒体企业占据了整个传媒产业 32.5% 的市场份额，前 12 家企业市场集中度达到 45.2%，虽低于互联网新兴媒体的市场集中度，但也接近半壁江山，整个传媒行业市场集中度较高，特别是大部分市场份额集中于前 3 家媒体。从数值上看，我国传媒市场资源已逐渐向少数几家实力强的企业聚集，市场呈现规模高速扩大、结构发展不平衡、市场主体分化的特征。同时，行业市场的高集中度也形成了市场的垄断和市场进入壁垒，使市场的潜在进入者增加了进入的难度，在强者恒强的“马太效应”逻辑下，对我国传统媒体这个庞大群体而言，在全面推进媒体融合、构建新型传媒集团的进程中这既是机遇也是挑战。参见表 4－5。

表 4－5　　传媒产业市场集中度

<table>
<tr><th>媒体</th><th>CR_4</th><th>CR_8</th><th>CR_{12}</th></tr>
<tr><td>百度</td><td rowspan="4">32.5%</td><td rowspan="8">40.1%</td><td rowspan="12">45.2%</td></tr>
<tr><td>阿里巴巴</td></tr>
<tr><td>中央电视台</td></tr>
<tr><td>湖南电视台</td></tr>
<tr><td>上海文化广播影视集团</td><td></td></tr>
<tr><td>江苏电视台</td><td></td></tr>
<tr><td>浙江广播电视集团</td><td></td></tr>
<tr><td>腾讯</td><td></td></tr>
<tr><td>搜狐</td><td></td><td></td></tr>
<tr><td>深圳报业集团</td><td></td><td></td></tr>
<tr><td>深圳广播电影电视集团</td><td></td><td></td></tr>
<tr><td>新浪</td><td></td><td></td></tr>
</table>

资料来源：同表 4－3、表 4－4。

（四）当前经济环境下融合路径探索面临的机遇

纵观当前我国经济环境，虽然整体进入下行的新常态，但经济总体规模仍不断上升，居民收入水平不断提高，消费结构进一步优化，人们对文化产品的消费需求日益增长，传媒产业市场规模与空间不断提升，给传媒产业发展带来了新的机遇，谁能在日益扩大的规模中抢占市场先机，谁就成为市场竞争的优胜者。但同时机遇与挑战也并存，表现在传媒产业市场结构发展的不均衡。从行业细分看，一方面，传统媒体内部纸媒、广播、电视市场结构不平衡，纸媒市场大幅萎缩，传统广电业务在总体稳定中艰难前行；另一方面，新兴媒体亦并非所有市场主体同步发展、提升，以“BATJ”（百度、阿里巴巴、腾讯、京东）为代表的互联网巨头占据了市场的主要份额，占据绝对竞争优势并尽享互联网市场红利。从微观市场主体来看，整个传媒行业呈现高市场集中度特征，并表现出逐渐增强的趋势，未来传媒市场将是市场大鳄的盛宴。因此，面对这一宏观与微观经济环境，报业乃至整个传统媒体，利用自身资源优势、借助资本运营手段，向新兴媒体全面融合将是融合发展的重要出路。

传媒市场结构发展的不平衡也给媒体融合路径的探索提供了诸多启发。一方面，报纸、广播、电视市场结构发展的不平衡说明在媒体融合的路径选择中，传统媒体间应互联互通、互相借鉴，取长补短，在内容、平台、管理等方面共同探索融合的新路径。另一方面，以百度、阿里巴巴、腾讯、京东为代表的互联网巨头能在数年时间内即超越传统媒体数十年的发展积累，其核心的发展逻辑就是技术与资本的推动，借助强大的资本实力，加强先进技术的研发与应用，并充分发挥资本运营的杠杆效应，加速其传媒业态的扩张与融合，实现其平台商业模式的盈利，其发展模式对传统媒体探索媒体融合路径具有重要借鉴意义。

三、当前社会环境下融合路径探索的机遇与挑战

社会环境主要是指社会成员的民族特征、文化传统、价值观念、宗教信仰、教育水平以及风俗习惯等因素，包括人口规模、年龄和种族结构、收入状况、消费结构、消费水平和消费习惯等。针对传媒产业的特性，本研究主要考察人口规模、年龄结构、教育水平和受众媒介消费倾向以及历史地域等因素对媒体融合发展的影响程度及路径选择的指导意义。

（一）受众特征分析

据统计，我国 2018 年总人口为 13.95 亿人，其中城镇人口占比 59.58%，得益于我国城镇化建设的推进，其占比已逐年上升。从年龄结构看，16～59 岁劳动年龄人口为 8.97 亿人，占比 64.3%，见图 4－5。[①]

① 资料来源：《2018 年国民经济和社会发展统计公报》，国家统计局，http：//www.stats.gov.cn/tjsj/tjgb/ndtjgb/。

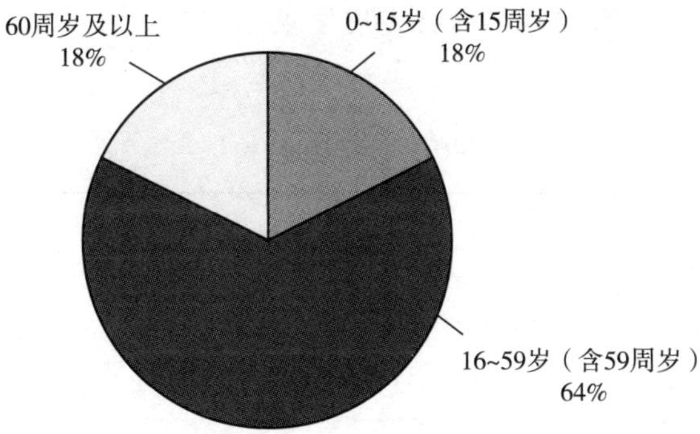

图4－5　人口年龄结构

从教育水平看，2018年全年研究生招生85.8万人，在校研究生273.1万人，毕业生60.4万人；普通本专科招生791万人，在校生2 831万人，毕业生753.3万人；中等职业教育招生557万人，在校生1 555.2万人，毕业生487.3万人。年末全国就业人员77 586万人。从以上统计数据看，城镇人口逐年上升，劳动年龄人口占比较大，总体稳定，教育发展水平良好，居民就业充分，失业率低，为传媒行业推进媒体融合发展奠定了良好的受众基础，为产业发展储备了较充裕的人才，产业发展具有较好的人文环境。

在人口年龄结构中，一个不容传统媒体忽视的问题是新兴媒体对劳动年龄受众群体的日益吸引。据统计，在网民年龄结构中，20～59岁年龄段的人口占比达89.2%，如表4－6所示。这意味着传统媒体与新兴媒体的受众群体是高度交叉重合的，谁能赢得这个受众群体的青睐即能在竞争中立于不败之地，而以互联网为依托的新兴媒体由于其具有用户体验好、互动性强、更新迭代快等特点，在与传统媒体的受众（用户）竞争中具有传统媒体不可比拟的优势，这从互联网在网民中的应用也可见一斑。曾经风靡一时的电子邮件、BBS等传统互联网应用使用率持续走低，搜索、即时通信等基础网络应用趋向饱和也给传统媒体提供了良好借鉴：受众的需求是不断更新的，用户的体验是需要不断迭代的，传统媒体只有运用互联网的思维才能搭上时代发展的末班车向未来前行，融合路径的选择应顺应这一时代发展要求。

表4-6　　　　中国网民年龄结构

年龄段	占比
10岁以下	4%
10~19岁	16.9%
20~29岁	24.6%
30~39岁	23.7%
40~49岁	17.3%
50~59岁	6.7%
60岁以上	6.9%

资料来源：中国互联网信息中心：第44次《中国互联网络发展状况统计报告》，http://www.cnnic.cn/。

（二）受众媒介消费行为分析

“受众是大众传播过程的终极对象，并逐步成为传播中的主体，受众在媒介经济生产和再生产过程中扮演着重要角色。”[①] 丹尼斯·麦奎尔（Denis McQuail）认为受众既是社会发展的产物，又是媒介及其内容的产物，他将受众研究划分为结构性受众研究、行为性受众研究和社会文化性受众研究三大系统。[②] 其中受众行为对媒体融合路径的选择具有重要的影响和决定作用。当前受众媒体偏好和使用习惯的变化造成了受众的大规模流失，并使传统传媒行业面临巨大挑战。为进一步考察受众市场中消费者的行为习惯，研究媒介发展的社会环境，特对媒介受众的媒介的使用情况和接触习惯进行抽样调查，以分析当前媒介受众的市场基础和规模特征。

① 秦祖智：《受众商品论再解读——基于我国媒介实践的视角》，载于《新闻界》2014年第12期。

② ［英］丹尼斯·麦奎尔：《受众分析》，刘燕南、李颖、杨振荣译，中国人民大学出版社2006年版，第23页。

1. 调查方法与样本选择

根据本研究对象的特点，采用问卷调查的方式进行。鉴于本研究对象——受众媒介消费——需具有一定文化层次和收入水平，故将样本选取范围限定为年龄在 16 至 65 岁，职业主要为党政公职及企业员工，收入层次以中等收入为主，教育水平以大学学历为主，性别均衡分布。计划样本量 350 个，在党政、企业、个体工商户、学校单位随机选取调查对象，为排除被调查对象职业对调查结果的影响，所有样本不在报纸、期刊、广播、电视和互联网企业抽取。

2. 调查分析

整个调查共发放问卷 350 份，回收有效问卷 289 份。从有效样本基本情况看，性别比例与当前我国人口结构基本相符；年龄结构以 26～55 岁为主，该年龄段系当前我国媒介消费主流群体；被调查对象职业基本达到全覆盖，文化层次较高；月收入水平以 3 000～8 000 元为主，具有一定文化消费能力和需求。样本特征总体符合研究要求，具有较好的代表性。如表 4－7 所示。

表 4－7　　样本基本情况

统计指标	占比	统计指标	占比	统计指标	占比
1. 性别		3. 职业		4. 教育程度	
男	56.1%	党政事业单位职员	20.4%	高中及以下	17.0%
女	43.9%	公司员工	21.5%	大学专科及本科	58.5%
2. 年龄		自由职业	18.0%	研究生及以上	24.5%
16～25	11.4%	学生	9.7%	5. 个人月收入	
26～35	26.0%	农民	11.8%	3 000 元及以下	17.6%
36～45	28.0%	退休	7.3%	3 001～5 000 元	33.9%
46～55	20.4%	其他职业	11.3%	5 001～8 000 元	28.0%
56～65	14.2%			8 001～12 000 元	14.2%
				12 000 元以上	6.3%
有效样本合计		289 个			

从调查数据看，受众最常使用或接触的媒介主要有PC互联网、移动互联网和户外媒体，对传统媒体的使用开始下降，尤其是纸媒和广播。说明受众的媒介消费习惯已开始发生明显变化，传统媒体已不再是其获取资讯的首选渠道。户外媒体受关注度最高，达69.6%，经进一步访谈得知，之所以户外媒体受到如此高关注，主要源于户外媒体的特殊性，即在公交、地铁、车站、广场、街道、楼宇电梯等地方无处不在，只要人们走出家门，即可看见，成为一种视觉“强制消费”，而这也是目前所有媒介中唯一对硬广告还有吸引力的媒介平台。如图4－6。

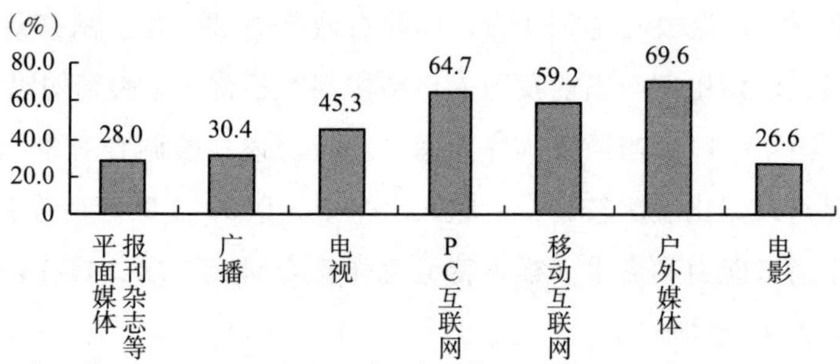

图4－6　最常使用或接触的媒介

进一步考察被调查对象对报纸、广播和电视等传统媒体的使用情况发现，每天都使用传统媒体占比最高的为电视，但也仅占12.8%，而61.2%的被调查对象表示基本不读报、41.9%的被调查对象表示已远离电视，如表4－8所示。

表4－8　调查对象近一年内使用传统媒体频率占比　单位：%

使用频率	阅读报纸	收听广播	收看电视
每天	6.6	8.3	12.8
每周1次或以上	17.6	19.0	25.6
每2周至少1次	5.9	6.9	9.7

续表

使用频率	阅读报纸	收听广播	收看电视
每月至少1次	8.7	9.0	10.0
基本不阅读（不收听、不收看）	61.2	56.7	41.9

通过对选择阅读报纸的受访对象调查得知，大部分读者选择报纸的原因是工作需要（占比30.5%）、报纸报道权威公信力强（占比28.1%），其对价格、内容等因素敏感度不高，低廉的价格和丰富的内容对其并不具吸引力。而通过对不再阅读报纸、收听收看广播电视等传统媒体的受调查对象进一步调查发现，其远离报纸、广播电视等传统媒体的主要原因是已有其他更便捷的获取资讯的方式和渠道，这进一步印证了以互联网、移动互联网为依托的新兴媒介已成为受众获取资讯的主要渠道。

尽管受众已大规模向网络媒体迁移，但仍有10.7%的受访者表示未使用网络，这部分传统媒体的“守望者”主要集中在农民工和退休职工群体，显然，这部分群体已无法承担整个传统媒体受众市场基础之重任。而大部分受访者表示其每周花在网络媒体（包括移动互联网）上的时间低于20小时，其中35.3%的受访者表示低于10小时，其主要原因是现代社会人们工作压力越来越大，竞争越来越激烈，很难有整块的时间用于媒介信息消费，取而代之的是时间碎片化、需求分众化，因此阅读也碎片化，媒介消费也个性化，而网络，特别是移动互联网正切合了这一需求，因而在当下媒介市场中大行其道，覆盖率不断提升（见图4-7）。

进一步考察受众使用互联网的具体去向，70%以上的受访者表示经常光顾娱乐、消费等生活服务类和社交类网站，而新浪、搜狐、网易等大型商业网站仍是网民常点击的站点。可喜的是，从调查数据看，仍有超过50%的受访者表示经常通过传统媒体办的网站、新闻客户端等渠道了解各种资讯（见图4-8），说明传统媒体向新兴媒体转型对保住存量客户群体、争夺受众市场、坚守舆论阵地具有现实性和可行性，媒体融合对传统媒体的生存、发展具有重要战略意义。

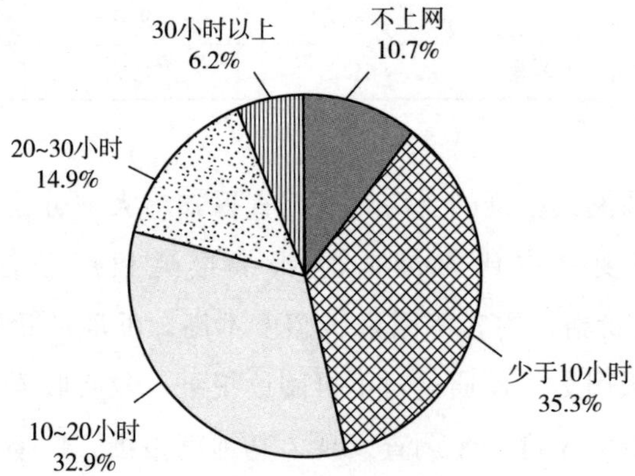

图 4－7　调查对象每周上网时间

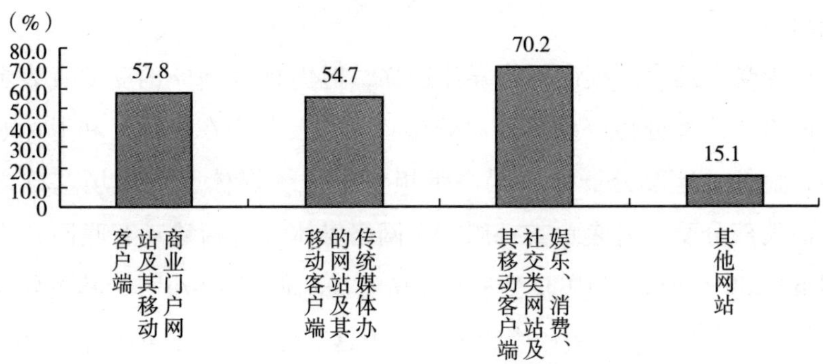

图 4－8　调查对象经常访问的网站

互联网的开放性、便捷性、互动性等特征使互联网在信息获取、交流沟通、商务交易、游戏娱乐等方面开辟了丰富多元的应用。从调查数据看，各种互联网应用类型均获得了大量受众的青睐，受众已对网络形成了一定的依赖性。其中，以 QQ、微信为主的即时通信和网络新闻成为使用率最高的互联网应用，而电子邮件、论坛社区和博客等传统互联网使用率开始走低，网络游戏、网络视频稳中有升，网络购物、网上支付、互联网理财等新兴应用已开始占据一席之地，搜索引擎应用仍是网民获取信息的重要工具，而红极一时的微博则持续下行，如表 4 -9 所示。从这些数据可以看出，由于互联网已突破了人们传统的媒介应用范围，已不再仅仅承担信息流通渠道的功用，而是向构建互联互通的生活服务场景方向延伸，因此不断焕发新的生机与活力，这或许正是传统媒体推进媒体融合应该学习、借鉴的地方。

表 4 -9　　　经常使用的互联网应用类型

应用类型	占比	应用类型	占比
1. 信息获取类：		3. 交流沟通类：	
搜索引擎	62.4%	即时通信（QQ、微信等）	85.7%
网络新闻	79.5%	博客、个人空间	23.6%
		微博客（新浪、腾讯等）	39.5%
		论坛、社区	29.1%
2. 商务交易类：		电子邮件	34.5%
网络购物	40.7%	4. 网络娱乐类：	
团购网站	32.9%	网络游戏	52.3%
网上支付	38.0%	网络文学	26.7%
旅行预订	30.6%	网络视频	53.9%
互联网理财	25.2%	网络音乐	35.3%

为综合考察受众对各种媒介的偏好程度，调查设计了媒介评分表，由被调查对象依喜好程度对所列媒介打分，1 分代表非常不喜欢，5 分代表非常喜欢，分五个档次，分别计 1、2、3、4、5 分。经过统计，得分最高的为移动互联网及应用，最低的是报刊等平面媒体，而电视得分居中，如表 4 -10 所示。从这个数据也说明，受众的媒介使用偏好已向互联网转移，传统媒体特别是纸媒等平面媒体只有拥抱互联网、走融合发展道路才有可能迎来第二个“黄金十年”的曙光。

表 4－10　　受众对不同媒体的偏好程度

媒介类型	得分
报刊等平面媒体	2.42
广播	2.66
电视	3.09
PC 互联网站及应用	3.35
移动互联网及应用	3.37
户外媒体	3.07
影院电影	3.10

3. 调查结论

当前媒介形式的多元化使传统媒体和新兴媒体的受众具有交叉性，受众具有多重角色，新旧媒体受众市场竞争激烈。互联网的应用日益拓展，使受众的定位不再是单向的被动受传的角色，当下的受众既是用户，又是传播者。同时，昔时的读者、听众、观众已逐渐逃离传统媒体，形成新的“粉丝”群和“网络新人类”，传统媒体受众基础不断被削弱、规模不断萎缩，体验、场景、交互成为高频词，网络媒体已从诞生伊始的互补性媒体成为传统媒体的替代者。然而，传统媒体并非毫无生存机会，传统媒体的公信力以及拥有的社会资本将是其发展的核心竞争力，而利用资源与社会资本优势打造新媒体平台、与新兴媒体融合发展将给其带来新的生机。当前互联网新兴媒介和传统媒介的受众迁移方向和结构如图 4－9 所示。

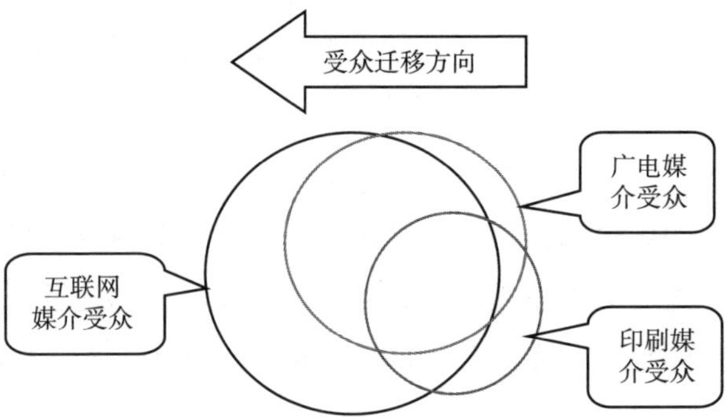

图 4－9　媒介受众结构现状

（三）地域环境差异分析

我国幅员辽阔，民族众多，不同地区之间人文环境各异、不同的民族之间习俗不一，由于历史的原因经济发展水平有高有低，造成了东、中、西地域发展不平衡，这使传媒产业的发展也带有明显的地域特征，这种东西部的差异从互联网上市企业和网信独角兽企业地域分布情况可见一斑。据统计，截至2018年底，我国有120家互联网上市企业，其中北京占33%，上海占19%，深圳占12%，杭州占9%，近80%的上市企业分布在东部发达地区，中西部占比仅为五分之一；在113家网信独角兽企业中，北京占比最多，达48%，北京、上海、广东和浙江占总数的92%，中西部占比不到十分之一。如图4-10、图4-11所示。[①]

不同地区传媒产业发展水平层次不一，市场机会也各异，全球范围内行业发展的影响波及各地区，也因此造成了快慢不一的发展状况，这让欠发达地区的传媒企业得以延缓行业竞争带来的市场压力，但这虽让当地的传媒企业得以生命的延续，但也使位居欠发达地区的传媒机构丧失了应有的紧迫感和市场敏锐性，失去了进行转型升级的宝贵时间与机

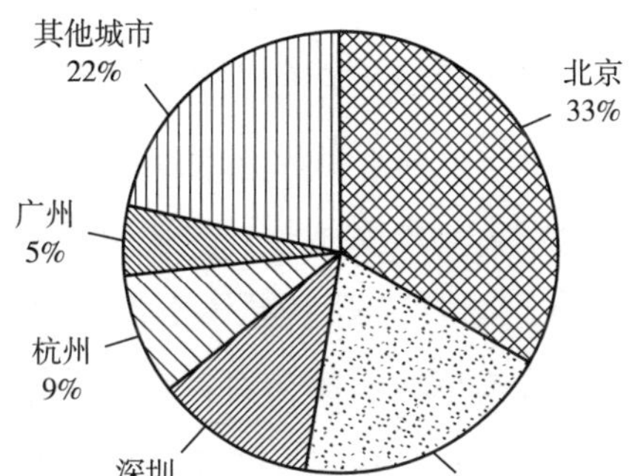

图4-10 互联网上市企业地域分布

① 资料来源：中国互联网信息中心：第43次《中国互联网络发展状况统计报告》，http://www.cnnic.cn/。

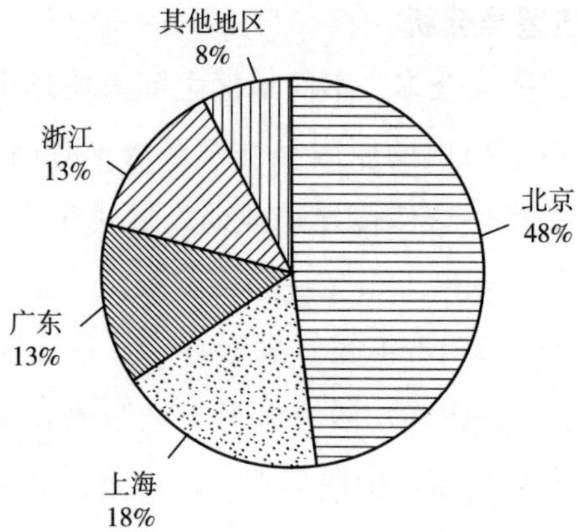

图4－11　网信独角兽企业地域分布

会。这种地域性的差异，还造成了各传媒经营者经营理念与管理水平的差异，总体而言，西部的媒体企业除个别省份外发展水平均低于中东部的同类企业，市场灵敏度弱，没有及时把握住转型发展的关键时机，错失了转型的机会。

（四）当前社会环境对融合路径探索的启示

传媒产业生存的社会环境，对传媒产业中的每个个体而言既存在大兵压阵的严峻，又留有夹缝中求生存的生机，尤其是对传统媒体。我国城镇化水平不断提高，城镇人口逐年上升，劳动年龄人口总体稳定，国民素质日益提升，社会稳定，民族和睦，为传统媒体推进媒体融合发展构建了良好的人文生态。同时，新兴媒体不断抢夺传统媒体的受众市场，不但侵蚀了传统媒体的市场份额，而且在不断削弱传统媒体的社会影响力，社会效益每况愈下。受众媒介消费习惯与行为的变迁，使其不断主动逃离传统媒体。传统媒体唯有充分关注受众的需求，提升其消费体验，并适时调整自身产品结构与种类，才能重新赢得原有受众的回归与新生群体的追随，否则，受众体验的“蝴蝶效应”会在瞬息间摧毁数十年构筑的主流阵地。这个法则对新兴媒体同样适用，求变将是未来传媒演进的常态。地域环境差异造成各地传媒发展的不均衡与发展理念的滞后，并不能成为欠发达地区固守原有城池和固步观望的理由，虽然新兴媒体的一路高歌尚未完全波及欠发达地区而给了当地传统媒体喘息的机会，但传媒产业的整体变迁趋势不会因为地域差异而改变既定的发展方向，融合不但是媒介形态，地域融合也是探索融合路径的应有之意。

因此，对传统媒体融合的路径选择而言，良好的人文环境为媒体融合奠定了良好的受众基础，而受众向新兴媒体的迁移背后隐喻的是媒体融合应着力关注受众的体验，以受众为本并将受众转化为用户，而融合的路径亦应围绕这一要求谋划、布局，同时，突破体制限制、推进地域扩张也应是媒体融合的重要方向之一。

四、当前技术环境下融合路径探索的机遇与挑战

技术包括与生产有关的新技术、新工艺、新材料和各种发明创造，从古代的四大发明到近现代的工业革命和目前的大数据、区块链，无不改变着人类的生产生活方式，尤其是飞速发展的信息技术，对当下的社会和经济发展起到了关键的作用。信息技术代表着当今先进生产力的发展方向，它包括信息获取技术、信息传递技术、信息存储技术、信息加工技术和信息标准化技术等。信息技术带给整个社会的变化是革命性的，而在互联网的应用上表现尤甚。互联网信息高速公路的建成使企业管理和运行信息化成为可能，不但提高了企业的劳动生产率，更重要的是改变了企业传统的运营模式和思维理念。一直以来以技术推动行业发展的传媒产业同样如此。“现代传媒以高科技为后盾，实现了信息大规模、高频率的传播，因此，科技是现代商业和现代传媒发展的基础”。[①]当前，以互联网、大数据、云计算、物联网、区块链为代表的信息技术发展为传媒产业提供了良好的技术环境和技术支持，也给传媒产业的生

① 李思屈：《传媒的“技术权力”与商业广告的“造梦”机制》，载于《新闻与传播研究》1999 年第 3 期。

产流程、商业模式带来了新挑战与发展空间。

信息技术的发展降低了传媒产业产品和服务的成本，提高了生产效率，提升了产品到达率与传播范围。进入新世纪的传媒业，早就告别了铅与火进入光电时代，尤其是互联网技术的全面应用和普及，大大降低了传媒生产成本和提高了生产效率，在 2015 年 12 月第二届世界互联网大会上，央视主持人康辉现场直播连线使用 Pad 代替新闻稿纸实现无纸化办公就是最好的例证，不但提高了传播效率，而且节约了生产成本，同时还响应了全世界倡导的“绿色发展”理念，实现了经济与社会效益的双赢。而正是信息技术的不断提升、应用，使麦克卢汉提出的“地球村”时代正在到来，人们的交往方式以及社会和文化形态正不断发生重大变化。

信息技术的广泛应用为传媒产业创新产品与服务、扩展新传播渠道、构建新的主流平台提供了支撑。当前，大数据、云计算、移动互联网等信息技术的开发和应用为传媒产品创新开辟了新的渠道。搜索引擎提高了人们信息与知识获取的便捷性，网络视频、网络游戏丰富了人们的娱乐生活并提高了参与度，O2O、P2P 等互联网新应用进一步拓展了人们的生活半径，便捷了人们的生活，新闻客户端的上线则使人们随时随地获取资讯成为可能，增强现实（AR）和虚拟现实（VR）等技术的应用大大提升了用户体验，拉近了传播主体与受众的距离，互动增强，传播效果大大提升。同时，随着技术发展，新技术迭代加速，颠覆了传媒传统的生产方式和流程，不断创新出新的产品与服务，利用网络抓取技术推出的“今日头条”客户端的上线运营就是最成功的案例。新闻搬运工“今日头条”的成功上线不但有效地连接了传统媒体与新生代受众，而且也推动了传统媒体经营理念的转型和整个传媒生产流程的变革。

信息技术的发展为传媒产业商业模式的重构提供了无限空间。传统媒体的商业模式理论依据之一是加拿大学者达拉斯·斯麦兹（Dallas. Walker Smythe）于 1977 年正式提出的“受众商品论”，他指出受众是大众媒介出售给广告商的商品，而大众媒介所提供的电视节目只不过是为刺激和引起受众注意力的“免费午餐”。[①] 这一商业模式的核心就是媒介的“二次售卖”，将内容提供给受众获取注意力资源从而赚取广告商的广告费。随着受众选择媒介自由度的提升，这一商业模式已面临新的危机，而信息技术的发展则给媒介企业商业模式的创新提供了源源不断的动力与资源，使源于克里斯·安德森（Chris Anderson）的“长尾理论”互联网商业模式得以构建，“技术正在将大规模市场转化成无数的利基市场”。[②] 基于大数据和云计算技术的各种精准营销、百度的竞价排名、微信朋友圈精准广告、购物网站商品推送等案例已层出不穷，为传媒企业特别是传统媒体提供了成功模式。2015 年以滴滴出行、优步（Uber）、爱彼迎（Airbnb）、回家吃饭等为代表的“分享经济”新兴商业模式则改变了传统产业格局，开创了互联网经济新业态。同时，在信息技术支撑下，国家层面提出的“互联网 +”行动计划得以生根落地，互联网与传统行业不断深度融合，创造出新的发展生态，为传媒产业的发展构筑了良好的技术生态环境。

此外，信息技术的发展给传媒产业带来机会的同时也提出了新的挑战，带来新的反思，尤其是对传统媒体，但“把社会变化的全部原因都归结于它也是不切合实际的”，“任何一种‘媒介乌托邦’或‘电子乌托邦’思想都缺乏历史依据和科学依据”。[③] 同时，技术是把双刃剑，随着新技术的应用，新业态和商业模式推陈出新，互联网治理、新业态行业监管等新问题也随之摆在整个传媒业参与主体面前。技术的进步只不过是为社会的发展提供了动力，而究竟能否充分利用它实现自身的发展与进步并规避风险，归根到底还是取决于掌控它的组织，传媒业尤其是以报业为代表的传统媒体能否把控这一工具，不仅是操作层面的问题，更是体制、机制等更深层次能否同步变革的问题。

---

① Smythe D. Communications: Blindspot of Western Marxism. Canadian Journal of Political and Society Theory, 1977, 1 (3): 1 - 28.

② ［美］克里斯·安德森著：《长尾理论》，乔江涛译，中信出版社 2006 年版，第 1 页。

③ 郭庆光：《传播学教程》，中国人民大学出版社 2011 年版，第 123、126 页。

尽管从宏观看，我国从互联网、移动互联网到信息存储技术，乃至物联网，已具备良好的技术环境，但从微观看，我国大部分传统媒体并不具备技术优势，从技术人才、研发投入到新技术应用，相比于体制外新兴媒体尚具有较大差距。因此，从技术层面分析，我国媒体融合的路径选择应通过制度激励、资本投入、技术购买等方式短时间实现技术升级，从而为媒体融合提供强大的技术支撑。

第四节　当前宏观环境下媒体融合路径的初步判断

一、我国媒体融合路径选择的初步判断

作为日益国际化的中国，已与世界经济连为一体。处于这一大环境下的中国报业等传统媒体，随着国内外大量报刊休刊、停刊潮的到来，并不可能独善其身，已然进入全球性的行业下行期，并且这一下行趋势在逐渐加速，来自 CTR 媒介智讯 2017 年报业广告整体继续断崖式下滑超 30% 的数据就是这一趋势的最好诠释，转型、改革无疑是传统媒体的唯一选择，而媒体融合是国家层面对传统媒体发展方向的战略部署。环顾中国传媒发展环境，媒体融合路径的探索既存在机遇与有利条件，又面临各方挑战。

目前我国政治稳定，法制体系健全，这为我国传统媒体推进媒体融合营造了良好的政治环境。尽管随着受众市场结构与规模的变化，传统媒体的政策红利已日渐稀释，但作为“党的喉舌”的传统媒体仍拥有公信力、舆论主导阵地等核心竞争力。随着我国城镇化进程加快和教育水平的提升，城镇人口总量不断增长，国民素质日益提高，社会稳定民族和睦，这些都为媒体融合构建了良好的人文生态。虽然目前我国经济增长率步入下行的新常态，但经济总体向好的趋势并未改变，经济总体规

模仍不断上升，传媒产业的市场规模亦不断增大，居民收入水平不断提高，消费结构进一步优化，文化消费需求日益增长，传媒市场规模与空间不断提升，这为媒体融合的全面推进提供了良好的市场基础。传媒产业市场存在结构性不平衡，各细分传媒行业发展水平不一，报业等纸媒形势紧迫，传统广电在总体稳定中艰难前行，资源不断向行业寡头聚集；新兴媒体如长江后浪推前浪，使媒介生命周期缩短，并呈现高市场集中度特征。同时，受众争夺已成为传统媒体与新兴媒体市场竞争的主流，竞争过程中，传统媒体已逐渐失去既有阵地，受众不断逃离，传统媒体的主流舆论阵地面临解构。因此，传统媒体间取长补短、抱团融合，与强势新兴媒体进行内容和社会资源互换、合作的融合模式将是媒体融合的重要路径方向。而技术发展尤其是以互联网、大数据、云计算、移动互联网、物联网、区块链为代表的信息技术的开发应用为传统媒体提供了良好的技术环境，为传统媒体创新产品与服务、构建新的传播平台提供了支撑，重构了传媒产业的生产流程与商业模式，并衍生出互联网治理、传媒新业态监管等新问题，但传统媒体先天性的技术缺陷注定其必须走基于制度激励、资本投入的技术购买融合路径。

总之，传媒产业已超出原有的产业框架与边界范围，不断向其他产业延展、渗透、融合。面对宏观与微观环境，报业乃至整个传统媒体，唯有充分利用自身政治与社会资源等核心优势、借助技术、资本力量，并从体制、机制层面同步通盘考虑，与新兴媒体从形态、市场运作、组织产权等方面全面融合才是转型发展的重要方向，而自建新媒体平台实现内生式增长，与新兴媒体合作实现外生式增长，通过资本运营进行外向性扩张应该是我国传统媒体推进媒体融合的具体可选路径。

二、我国媒体融合路径的未来发展趋势

我国传媒业经过近几十年的发展，当初，报业、广播、电视分业经营，当下，报业、广播电视、网络实现跨媒体跨地域融合，在内容、渠

道、运营各层面将融合向纵深推进。但从前述对我国媒体融合的现状梳理来看，总体上这一时期的融合是基于技术层面进行的媒介形态的融合，各传统媒体尽管全力构建全媒体战略，不断打造以官方微博、微信和客户端为代表的新媒体矩阵，基本实现了传播渠道的新旧媒体融合，但离“拥有强大实力和传播力、公信力、影响力”的要求还甚远。基于技术逻辑实现的传播渠道的融合从既有案例看，尚处于投资“烧钱”阶段，盈利模式尚在探索中，更无法从经济上反哺整个媒介机构和改变其主营业务收入结构，自然也就无法成为挽救传统媒体经营下行趋势的有力手段。我国在借助资本要素，从资本运营层面实现媒介的深度融合方面虽然也屡有成功案例，但大部分案例还是基于媒介机构原有业务范围，少有实现跨媒介的深度融合，通过资本运营实现传统媒体与新兴媒体的深度融合目前尚处于起步阶段。可喜的是，近几年以腾讯、阿里巴巴和百度为代表的传媒新秀开始通过并购、合作等方式与传统媒体联姻，显然，这种来自体制外的传媒组织的介入，通过资本运营带给传统媒体的福利不仅是资金，而且有管理、技术与经营理念的升级，而这正是传统媒体所急需的资源，但制度仍是双方联姻的最大屏障。虽然在制度层面已逐步为融合构建了宽松的制度环境与规制框架，但囿于我国整体的文化体制改革进程，传媒制度不可能超出整个文化体制而实现跨越式突破，国家战略层面的制度虽已发布，但由于历史原因形成的条块分割的传媒管理格局是无法短时间改变的，由此而产生的媒体机构个体既有利益与国家层面的改革推进将在一定时期内长期博弈而延缓融合的进程。制度对基于技术而进行的媒介形态的融合、基于资本而进行的市场运作融合均具有决定作用，目前传媒机构基本局限于经营性资产上市就是最好的明证。

随着信息技术、网络技术的广泛应用，未来媒体融合将向媒介形态多元化发展，呈现出“平台化、智能化、社交化、沉浸式”[①] 特征，融

① 人民日报社编：《融合元年——中国媒体融合发展年度报告（2014）》，人民日报出版社 2015 年版，第 49 页。

合的结果不是“多元合一”，而是“一元”生成“多元”。在互联网进入人们生活后，我国传统媒体纷纷“触网”，开始了“报网互动”“台网互动”的融合尝试，尽管对这些尝试，业界与学界有不同评价，但这些尝试让传统媒体保住了既有的一部分受众。至于受众的体验，在保生存的自然法则下似乎就不那么重要了。进入移动互联网时代后，各种新兴媒体如雨后春笋，层出不穷，特别是微博、微信的全面开放，使个体成为媒体变成可能，传统媒体面临来自自媒体的挑战，并真正威胁到自身的生存，在这一背景下各传统媒体亦紧跟潮流，积极构建新媒体矩阵。而这还仅仅是新兴媒体竞争的开始。随着5G移动通信系统的普及，更多个性化应用将得以实现，传播渠道与终端的迭代将加速，传播终端将更易获取、更便捷、更无时不在。正如腾讯公司董事会主席马化腾在2015年第二届世界互联网大会上所说，下一代的信息终端可能不需要手机而是通过视网膜的透视，就可以跟人、服务、设备建立连接，甚至未来我们和信息的沟通是通过穿戴设备和你的脑电波就可以沟通。而大数据、云计算、物联网的发展，将给传媒的生产流程、商业模式、传播渠道带来颠覆式的变革，到那时或许会真正实现“无人不媒介”“无物不媒介”。

媒介形态的多元化对媒介运营提出了更高要求，需要资金、技术、人才等更多资源的支撑，而单一媒体机构是难以全面实现这些资源供给的，因此，必然催生媒体运营的市场化，通过资本运营的渠道，实现资源的整合，推动媒体融合的发展，从而实现构建“形态多样、手段先进、具有竞争力的新型主流媒体”的目标。从工业革命到当下的工业4.0，资本犹如人体的血液，不但维持心脏的跳动和大脑的思维，而且维系着整个人体的运转，助推着一个个社会经济细胞出生、成长。在媒体融合时代，资本同样扮演着重要角色。正如合一集团董事长古永锵所说，最近两三年，大并购和融合是常态。未来传媒行业的发展，无论传统媒体还是新兴媒体，合作、并购、融合将是彼此发展的重要方式，不但传统媒体需要融合，新兴媒体同样需要通过融合实现其分享传统媒体政策红利的目的，而彼此融合的纽带，毫无疑问，必定是资本。

技术融合的成功、资本融合的实现，制度是关键，是决定因素。喻国明、苏林森指出，实行传媒规制目的主要是防止媒介产品过度垄断而保护其多元化和多样性，经济和政治力量成为推动中国媒介发展的两股重要力量，随着经济因素的逐渐增强，媒介规制将趋于放松，中国媒介规制将呈螺旋式发展。① 未来传媒制度的宽松化将是媒体融合的应有之义。“制度是生产力发展的根本动因”，② “媒介制度的变迁取决于媒介制度安排的效率，那些无效率的媒介制度必然在历史演化中被淘汰”。③ 传媒制度对传媒行业的市场准入、业务结构与范围、发展方向均有诸多规制，而媒体融合则是对这一规制范畴的重构，必然牵涉旧制度的修订与新制度的颁布。我国沿用于苏联的传媒制度至今仍然深深影响和主导着我国传媒行业的发展，例如，以行政差序化配置媒体资源的模式，一方面限制了地域范围，另一方面也限制了媒体运营范围，就算近年来已逐步放开地域与业务范围的限制，但仍通过行政审批等诸多方式进行管制，造成媒体融合有市场需求，但制度滞后于市场发展的局面。党的十八届三中全会指出要让市场在资源配置中起决定性作用。④ 这一理论突破为进一步明确政府与市场的关系指明了方向，即作为政府，应让市场主导资源配置，并从制度层面予以保障。媒体的融合，必然给媒体内容生产、媒体组织机构、商业模式、用户定位带来系列变化，而这些变化与既有的传媒制度有些是有冲突的，有些是制度的真空地带政策不明确的，这就需要从制度安排的层面进行新旧传媒制度的完善与更替。

---

① 喻国明、苏林森：《中国媒介规制的发展、问题与未来方向》，载于《山西大学学报（哲学社会科学版）》2009年第6期。

② 汪洪涛：《制度经济学：制度及制度变迁性质解释》（第二版），复旦大学出版社2009年版，第6、12页。

③ 邵培仁：《媒介理论前瞻》，浙江大学出版社2012年版，第44～45页。

④ 《中国共产党第十八届中央委员会第三次全体会议公报》（2013年11月12日中国共产党第十八届中央委员会第三次会议全体通过），新华网，http：//news. xinhuanet. com/politics/2013－11/12/c_118113455. htm.

基于这些判断，未来媒体融合的趋势将沿着媒介形态多元化、媒体运营市场化和传媒制度宽松化方向演绎、发展，在这一目标指引下，未来的融合路径必定由“多媒介”内生式融合向与新兴媒体合作的外延式融合和收购、兼并等外向性扩张融合路径发展。

第五章

GD 传媒集团媒体融合路径实证考察

第一节　实证研究目的与样本选择依据

媒体融合已上升至国家传播战略的高度予以大力推进，然而学界对媒体融合的现状与前景研究更多的是局限于传统媒体的现状困境和新兴媒体欣欣向荣的描述，质性研究较多，量化研究偏少。面对官方舆论场域与民间舆论场域的角逐和博弈，政府、业界、学界从媒介形态演进的规律和受众媒介消费习惯变迁的角度判断传统媒体已面临舆论主阵地流失的局面，传统媒体应该与新兴媒体融合方能重新主导整个传播舆论场。但究竟什么样的媒体融合路径才是成功的、可行的路径？我国成功转型的传统媒体其融合路径是什么样的？这需要运用量化分析的方法，选取相关案例进行实证考察。

为对上述问题进行考证，在本章和下两章中特选取 GD 传媒集团、人民日报和浙报传媒作为案例样本进行实证研究。之所以选取这三个样本主要基于如下考虑：一是所选样本均为传统媒体——报业，而目前报业是生存形势最严峻的传媒行业，其媒体融合的需求最紧迫，媒体融合成功会对行业的发展起到良好的风向标作用。二是所选样本在媒体融合的进程中均选择了不同的路径，其中人民日报和浙报传媒有不同程度的创新且成效显著，样本具有较好的代表性，对传统媒体的媒体融合路径选择具有良好参考价值。三是基于信息和数据收集考量。当前各级相关部门行业数据统计口径不一、指标不全，大部分媒体企业并非公众企业，其经营数据基于商业保密原因不予公布，而人民日报旗下的人民网和浙报传媒均为上市公司，所披露的信息较全面及时，数据较详细准确和持续，具有可比性和研究价值。

面对媒体融合的大趋势，我国不同区域的传媒组织由于所处地域的经济发展不平衡，媒体融合的进程也不一样，总体看是东部地区发展水平高于西部地区。而在我国现行行政差序化配置媒介资源的体制下，传媒制度对西部欠发达地区传媒组织的制约更明显，这些区域的传统媒体面临的融合困境亦具有一定共性。传媒制度变迁离不开其特定的社会历史与地域环境，处于特定历史与地域环境下的传统媒体要冲破制度困境实现转型发展，制度创新恐怕必须首先破局。如果说人民网、浙报传媒的媒体融合代表了当前媒体融合的未来趋势，并成为媒体融合的成功范例的话，则这类范例仅是我国庞大媒体群中的少数。而我国媒体机构众多，仅报业集团就超过 40 家，还有相当多的传统媒体行走在媒体融合的边缘，或囿于技术，或囿于资本，或囿于制度等的制约而面临发展困境，媒体融合的成效并不显著，其融合路径一直还停留在自建“多媒体”传播平台的初始融合层次，GD 传媒集团就是一例。本章节特选取 GD 传媒集团作为案例，分析在媒体融合大趋势下其融合路径背后所面临的问题与困惑，并试图从制度的层面寻找原因与探索解决方案，为构建传统媒体的媒体融合路径提供参考。

第二节　GD 传媒集团媒体融合路径分析

一、GD 传媒集团概况

GD 传媒集团地处我国西部省区，与大多数传媒集团一样，GD 传媒集团也是由省级党报改制成立。旗下共有 7 报、3 刊、5 网站及 20 家子公司、1 工厂。其中，报纸主要有党报 A 报、都市报 B 报、C 报和 D 报，网站 A 网、B 网等。集团倾力打造的 A 报、B 报等报群，是当地发行量最大的省级党报和都市报，A 网是由国务院新闻办批准的全国重点新闻网站，亦是当地发布新闻量最大、最具权威性的新闻门户网站。集团一手抓传统媒体发展，一手抓新媒体建设，积极推动传统媒体和新媒体在内容、渠道、平台等方面的融合，已初步构建起客户端、微信微博等新媒体矩阵。

在经营上，集团实施战略转型，全力构建平面媒体、网络媒体、移动媒体全覆盖的全媒体传播体系，已初步制定了以广告、印刷、报刊发行为主，图书出版、相关文化产业、会展业、物流业、社会公益活动等为辅的多元发展战略，全面向报业经营的多元化时代迈进。①

二、GD 传媒集团媒体融合举措

面对新兴媒体的汹涌来势，GD 传媒集团一直在探索媒体融合发展路径，并从战略层面进行了规划。一方面，进行媒介形态融合的探索与实践，构建新兴媒体传播平台。截至 2018 年底，该集团已全面构建微信微

① 本章 GD 传媒集团数据、资料来自该集团文件及网站。

博、客户端、网络电视新媒体传播平台，已形成门户网站、移动客户端、微博、微信新媒体矩阵（表5－1），初步完成了传统媒体内容产品在新兴媒体的传播渠道建设。另一方面，该集团以资本为纽带，充分利用自身社会资源，积极探索多元化发展路径，向文化艺术品交易、影视制作、会展等方向发展，尽管多元化发展尚未取得实质成果，对集团营收结构尚未构成实质调整优化，但亦已迈开了全面推进媒体融合的步伐。

表5－1　　GD传媒集团新媒体矩阵

新媒体类型	数量
门户网站及子网站	11
手机报	6
移动客户端	7
法人微博	3
官方微博	61
官方微信	32
网络电视	1
记者和编辑开设的微博微信公众号	112

三、资源匹配度与融合效果分析

（一）组织与人员结构

1. 组织结构

GD传媒集团的组织结构目前基本延续传统的部门设置方式，分为采编和经营两大模块。采编模块按媒介平台分设若干部门，各媒介平台都设有新媒体部，负责所属媒介平台的内容生产和发布；经营模块则按业务功能分别设置广告、印刷和发行等部门，负责集团广告、印刷和发行等经营业务，承担集团利润创收职能。目前其组织结构设置看似职能清晰、明确，各司其职，其实延续的是采编与经营两分开的制度安排。采编又按媒介平台进行细分设置，经营则按业务种类分设部门，这一模式下的组织结构实质上是将集团旗下部门进行办公地点的物理集中，各媒介平台和部门之间并未形成合力，特别是在新媒体业务方面，新媒体业务部门与传统业务部门是各自独立的，这一组织结构模式并未有效整合形成集团综合竞争优势，各个部门基本是从自己的角度出发，尚未构建基于集团各媒体平台的整体传播体系。同时，由于媒介平台和业务种类分设部门，使同一客户在各部门和媒介平台间不能充分共享，甚至偶尔存在各媒介平台争抢客户等非良性竞争情况，造成资源浪费，内耗严重。该组织结构模式下，采编部门各自为政，在内容生产上实行各自生产、各自发布，内容产品资源共享不充分；而经营部门与采编部门亦相互独立，经营部门为独立考核单元，与采编部门难以形成协同效应。显然，这一模式与媒体融合的要求是不匹配的。其组织结构见图 5－1。

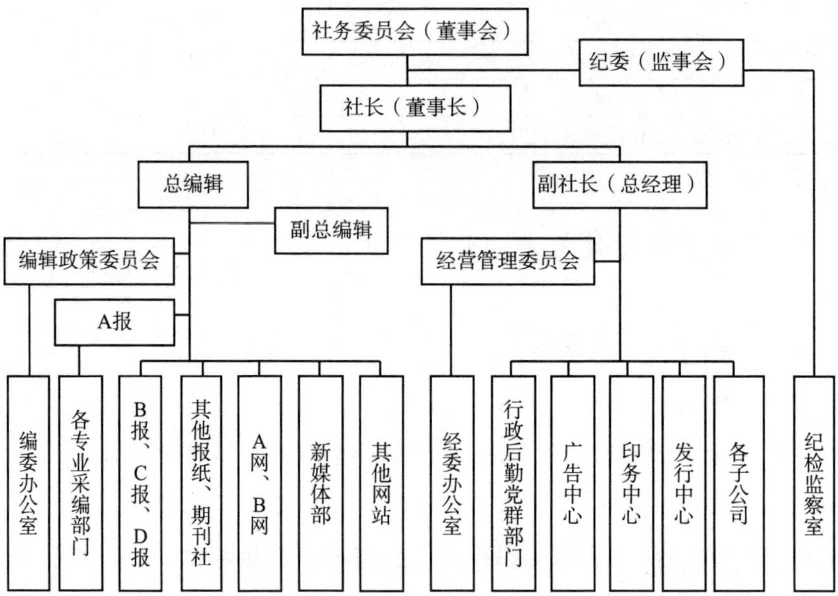

图 5－1　GD 传媒集团组织结构

2. 员工结构

该集团员工结构按年龄统计，30 岁以下的占比为 13%，30～40 岁的占比29%，40~50岁的占比37%，50岁以上的占比21%，员工年龄结构整体偏老化。从学历结构看，研究生占比12%，本科和大专占比76%，大专以下占比12%，学历结构整体水平较为均衡。从专业结构看，经济管理类占比为22%，新闻传播类占比52%，计算机技术类占比2%，其他专业占比24%，专业结构中新闻传播人才较充裕，而经营管理类人才占比偏低，技术类人才则奇缺，人才成为制约该集团转型发展的重要瓶颈，特别是网络技术人才、新媒体业务人才的短缺成为制约其推进媒体融合的重要影响因素。具体年龄、学历、专业结构参见图5-2、图5-3、图5-4。

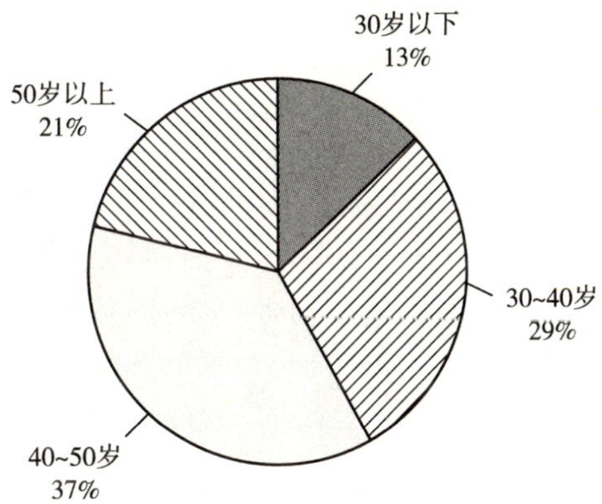

图5-2 年龄结构

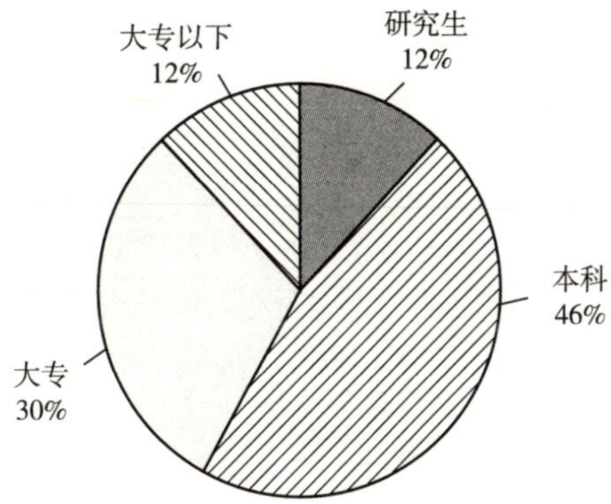

图5-3 学历结构

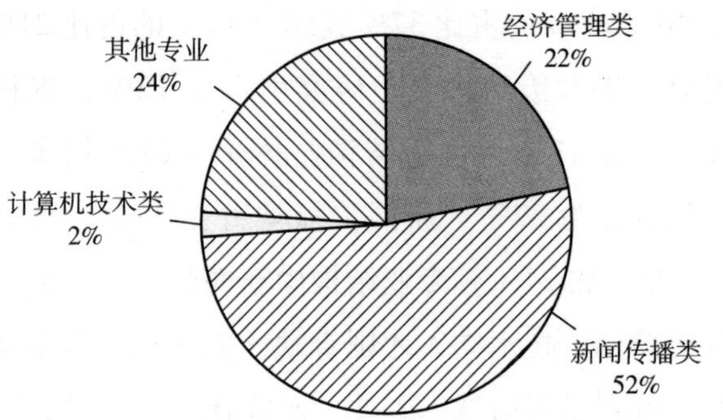

图 5－4 专业结构

（二）业务生产流程

在内容生产流程上，目前国内外媒体探索出了多种成功模式，而较具代表性和可行性的是基于互联网技术的高度聚合与快速传播的“中央厨房式”数字采编平台，即统一采集、编辑、多渠道多层次发布内容产品，而这一模式需依托于技术应用与内部资源整合。受制于技术、体制等问题，GD 传媒集团目前的内容生产流程延续的还是传统生产模式，即各媒介平台都有一支独立的采编团队，这些采编团队归属于各媒介平台，所采编的资讯产品大部分只供所属媒介平台发布，集团采编资源共享不充分，往往在一些重要新闻现场，各媒介平台的采编人员都会扎堆出现，造成采编资源的重复工耗和低效运作。其内容生产流程见图 5－5。

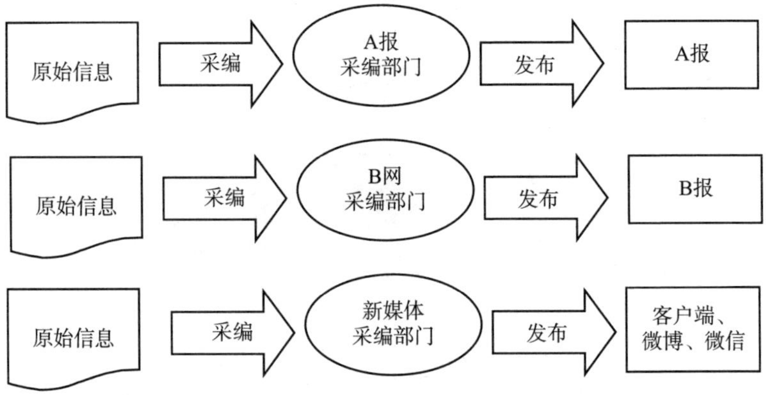

图 5－5 GD 传媒集团各媒介平台内容生产流程

（三）业务结构分析

1. 业务结构状况与发展趋势

GD 传媒集团地处中国西部，所在省区经济发展处于全国中下水平，属于欠发达地区。所在省区广播、电视、报业等媒介业态齐全，媒介市场竞争充分。该集团媒介资源以平面媒体为主，主营业务包括印刷、发行和广告，虽然多元化业务已开始起步，但尚未改变整个集团的业务结构，集团商业和盈利模式尚停留在传统报媒阶段。

从各业务板块营业收入看，2015 年至 2017 年来该集团的广告收入平均占比近 60%，印刷和发行占比不到 40%，而其他多元化产业营收贡献仅为 4%，广告依然是集团的收入支柱，从业务结构可以明显看出该集团属于典型的传统盈利模式媒体。如图 5－6 所示。

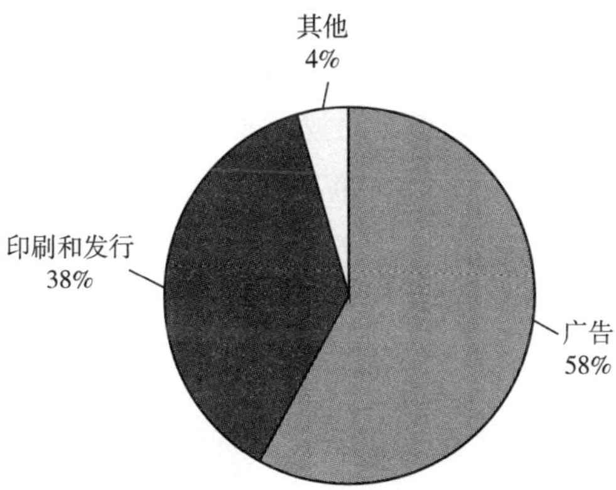

图 5－6　2015～2017 年各业务板块营收平均占比

从广告收入来看，自 2007 年开始，该集团广告收入以年均 9.7% 的增长率平稳上升，于 2011 年达到历史高点。此后，逐年下降，2015 年跌幅超过 20%，断崖式下跌至 2007 年（见图 5－7）。这一变动趋势，与我国报业整体发展趋势基本相符，所不同的是，报业整体性下滑趋势在该集团所在区域影响幅度稍小和滞后，大幅的影响直到 2015 年才出现。这一现象表面看是给了该集团继续享受政策红利的机会，但其实是使该集团错失了转型、变革的最佳时机，浪费了几年宝贵的时间。而在东部省区，这一时期许多传统媒体基于对市场趋势的判断和现实的竞争压力，已迅速布局转型，进行媒体融合规划，为企业发展抢占了先机。

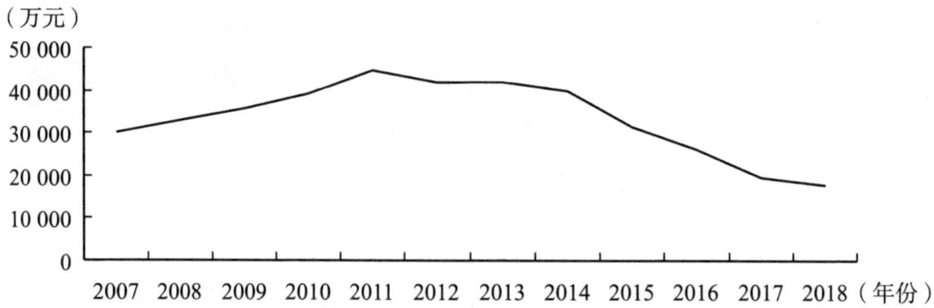

图 5－7　GD 传媒集团 2007～2018 年广告收入变动趋势

由于该集团目前主营支柱业务仍然是广告，主要利润贡献来自广告业务，而近年来平面媒体广告市场整体下滑，该集团也不例外，因此，广告营收的下降直接影响到集团的盈利水平，给集团持续经营带来极大负面影响。2015 年以来广告收入断崖式下跌直接稀释了近 10 年积累的现金流，集团已面临运营压力与财务风险。

2. 集团各媒体平台广告收入贡献度

该集团目前广告收入主要来源于 A 报、B 报、C 报、D 报和 A 网、B 网。其中，A 报贡献度为 21%，B 报贡献度为 55%，C 报贡献度为 4%，D 报贡献度为 12%，A 网贡献度为 6%，B 网、新媒体和其他渠道贡献度为 2%，如图 5－8 所示。B 报为都市报，是目前集团的营收和利润支柱，而目前受冲击最大的平面媒介就是都市报，因此，该集团媒介平台结构发展的不平衡已对集团产生了极大运营风险，而这一风险在短期内是难以规避的，因为新业务板块从投入到产出需要一定的生产周期，非短时间就能达到立竿见影的效果，该集团目前正在消化转型起步滞后所带来的负面影响。

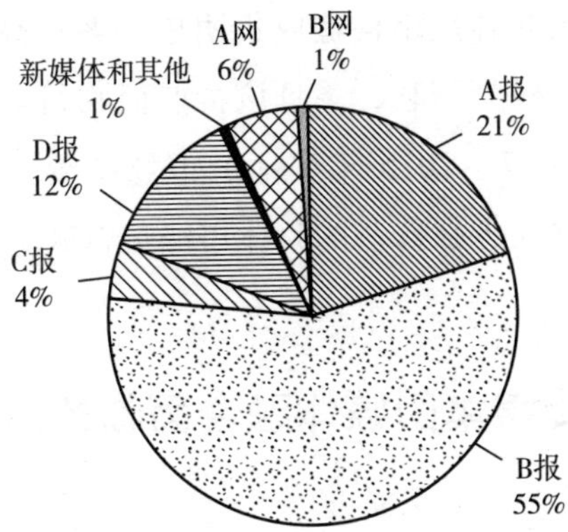

图 5－8　2015～2017 年各媒介平台广告收入贡献度

3. 集团广告收入行业分析

集团主要媒介平台的广告收入按行业来源进行分类，大致可分为 10 类。2015 年各行业广告收入占比如下：房地产家居建材占 44%，公告和党政专版占 17%，旅游餐饮娱乐购物和食品酒类占 9%，医药保健美容占 7%，金融保险占 7%，家电 IT 通信服务占 4%，分类信息占 4%，教育和招聘占 3%，汽车占 2%，其他占 3%（见图 5－9）。从收入来源看，房地产家居建材行业成为该集团的主要营收来源，占比接近一半，

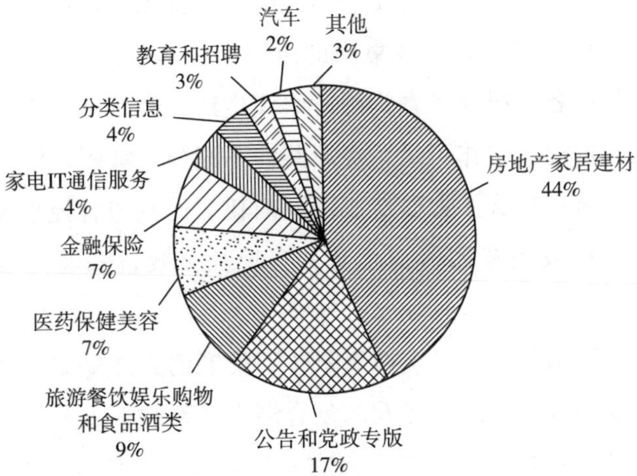

图 5－9　2015 年广告收入行业分布

这种单一行业高占比的客户结构造成集团单一客户高依存度，对构建集团持续的抗风险能力极为不利，一旦该行业面临行业性下滑就会对企业造成致命冲击。2014 年、2015 年房地产市场持续走低而造成广告主的广告预算锐减并影响到传媒行业的整体市场运营效益就是最好例证。

第三节　GD 传媒集团媒体融合面临的问题与解决思路

一、GD 传媒集团媒体融合面临的问题与困境

与全国报业形势发展趋势一致，该集团支柱业务收入自 2012 年进入下行拐点，年均下跌 8.1%，并且目前正以加速度的趋势继续下滑，经营形势异常严峻。虽然该集团已开始布局传统媒体与新兴媒体的融合，但目前仅完成了新兴媒体的平台布局，尚未从组织、平台、内容、管理、经营等方面实现深度融合，换句话说，该集团其实尚处于媒介形态融合的初级探索阶段。具体而言，该集团面临以下亟须解决的问题：

集团组织结构与媒体融合要求不匹配，业务流程陈旧，内容生产资源分散，集约化程度不高。该集团的组织结构延续的是传统生产模式，内容生产部门以各自媒介平台为圆心组织生产，经营部门以各自业务为导向，部门间沟通、协作不足，资源共享不充分，集团资源协同效应未能完全激发。这一模式一方面造成资源内耗、运营与管控成本偏高，另一方面未能充分发挥集团资源优势，实现社会效益和经济效益的同步提升。

人力资源结构不合理，支撑集团转型发展的人才缺口较大，人才特别是既懂传媒内容生产又懂经营的复合型人才奇缺，人才将是制约集团成功转型的又一瓶颈。近年来不断有媒体人离开传统媒体的新闻报道，一些资深媒体人由于种种原因不断逃离传统媒体，这一现象对处于下行

趋势的传统传媒行业而言无疑是釜底抽薪，而从这些传统媒体离职人才的去向看，很多行业精英流向了新兴媒体。因此，新兴媒体对传统媒体的竞争不但是市场的竞争，更是人才的竞争，是体制机制与制度的竞争。

集团业务结构单一，利润来源渠道偏窄，商业与盈利模式亟待创新。从业务结构看，该集团广告、发行和印刷是主营业务，广告收入是集团的利润支柱，商业模式还是传统的“二次销售”模式，在受众资讯选择多元化、渠道多样化形势下，这一商业模式面临生存的挑战。同时，“集团广告经营收入在各媒介平台、行业以及地域分布不均衡，单一媒体平台和行业依存度偏高，存在营运收入结构风险。”① 媒体融合的推进依赖于先进技术的应用与强大的资本支持，该集团商业与盈利模式的落后制约了进一步发展，形成了恶性循环。

内部资源亟须整合，集团资源的战略协同效应未彰显，价值体系面临重构。战略协同理论是安索夫（Igor Ansoff）于20世纪60年代提出的②，其主要内容是通过各业务单元的协同作战，使企业整体绩效大于各业务单元绩效算术之和，该理论的目的是对企业的相关多元化提供理论指导。而“价值体系”概念是波特（Michael E. Porter）在价值链理论基础上进一步提出的，该“价值体系”包含企业供应商价值链、实现企业价值的渠道价值链和终端客户价值链③，如图5-10所示。GD传媒集团由于市场创新不足，内部资源分散未形成合力，稀释了集团的核心竞争力。内容生产与经营模块沟通协作不足，“2+2=5”的协同效应未充分发挥，业务流程有待进行“中央厨房”式的再造。虽然从表面上看集团已搭建了多元化发展格局，但各业务板块仍然处于分离状态，未能充分融合形成合力助推集团发展。该集团在内部资源整合的基础上，必须

① 秦祖智、宗莉：《传统媒体广告市场运营战略浅析——基于GXD传媒集团的案例分析》，载于《广西师范学院学报（哲学社会科学版）》2015年第4期。

② 马云辉、王猛：《战略协同理论综述》，载于《现代企业教育》2006年第15期。

③ ［美］迈克尔·波特：《国家竞争优势》，李明轩、邱如美译，华夏出版社2002年版，第41页。

对企业价值体系进行重构，充分延伸上下游价值链，实现纵向和横向多元化，全面推进媒介深度融合。

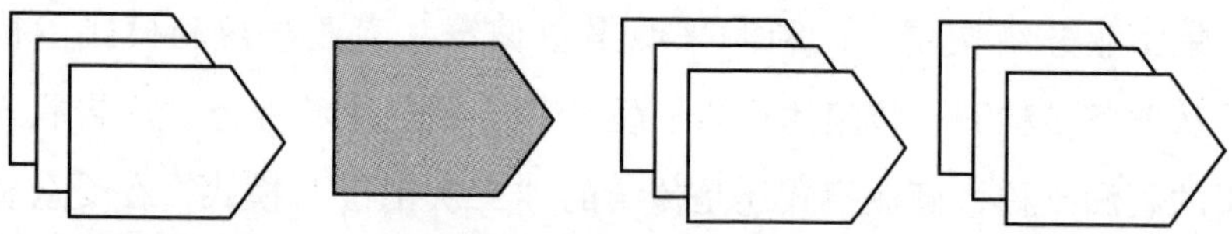

图 5－10　企业价值体系

二、GD 传媒集团媒体融合优劣势分析

为进一步考察传媒生态环境对 GD 传媒集团发展的影响，探索制约该集团媒体融合的原因，本文拟通过安德鲁斯所建立的“SWOT 战略模型”对该集团的媒介生态环境及资源状况进行分析，研究其在新兴媒体日益侵蚀传统媒体市场形势下如何充分发挥既有核心优势，弥补劣势，并抓住发展机会，应对新兴媒体威胁，全面推进媒体融合。

从优势角度分析，作为传统媒体的 GD 传媒集团，其核心优势无疑是其党报背景。作为党报党刊，公信力一直是其生存、发展的一面旗帜，并据此而引领社会舆论导向和形成核心竞争力。这一核心优势是其他商业性媒体所无法复制的，并将继续占据。这也是当下一些传媒大鳄频频想通过各种方式与传统媒体合作的主要原因。

而其劣势亦很明显，并源于支撑其核心优势的体制。任何企业的发展都不可能游离于既有的历史环境与制度之外，必定受所处制度环境制约，尤其是政治制度。正如胡正荣所说，“媒介制度变迁有赖于整个制度系统的变迁，特别是政治制度的变革。”[①] 因此，在当前体制下的传媒

① 胡正荣、李继东：《我国媒介规制变迁的制度困境及其意识形态根源》，载于《新闻大学》2005 年第 1 期。

企业必定被深深烙上时代与历史的烙印，并牢牢受制于它。作为体制内的 GD 传媒集团，其延续的是报社管理体制，虽然我国早在 20 世纪就推出报业“事业单位、企业化管理”制度，但这毕竟只是“企业化管理”而不是“企业管理”，因此，激励机制落后、缺乏市场敏锐性、人力资源管理体制滞后于企业发展需求、采编与经营内耗等问题便应运而生，大大削弱了企业竞争力，延缓了媒体融合的进程。

虽然 GD 传媒集团地处我国西部欠发达省区，但随着传媒产业规模的日益增大和国家将文化产业提升至国家支柱产业的高度予以重视的宏观利好政策的落地，集团迎来了发展的新机遇。同时，其拥有的行业禁入门槛、大量经验丰富的内容生产人才等优势，为其转型和二次创业奠定了良好基础。但挑战与机遇总是并行的，虽然全球性的传统媒体下行行业趋势对我国西部省区传媒企业影响滞后于东部区域，但行业竞争已成事实，新兴媒体对传统媒体已形成撼动之势，以政策获取市场竞争优势的传统媒体已非昔日的传媒王者，竞争将是当下的“新常态”，即使欠发达地区也概莫能外。

因此，对处于欠发达地区的 GD 传媒集团而言，面临新兴媒体的市场蚕食与竞争，唯有充分利用自身核心优势，借势当前国家宏观向好政策，积极探索融合路径，全面推进媒体融合方为发展之上策。

该集团 SWOT 模型如图 5 - 11。

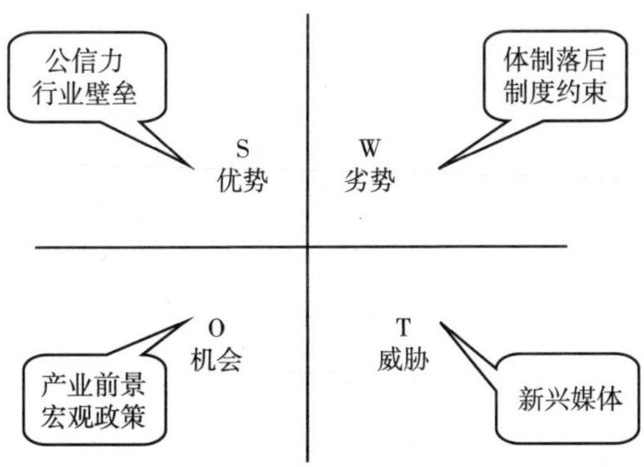

图 5 - 11 GD 传媒集团 SWOT 模型

三、GD 传媒集团媒体融合路径解决方案

基于以上分析，面对新兴媒体的市场压力，GD 传媒集团必须从战略协同效应的发挥与价值体系的重构入手，对内容生产流程进行再造，搭建中央厨房式内容生产平台，整合内容生产和经营资源，重构适应全媒体传播体系的组织结构，并以资本与技术为推力，构建内容生产与业务经营共享数据库，进行新旧媒介的深度融合。在此基础上，进行相关多元化和非相关多元化发展，进行横向和纵向产业延伸，向产业融合升级，以实现集团商业与盈利模式的创新，夯实集团发展基础，从经济效益层面反哺集团的舆论阵地，从而确保集团宣传舆论职能的实现和现代传播体系的构建。具体路径如图 5－12 所示。

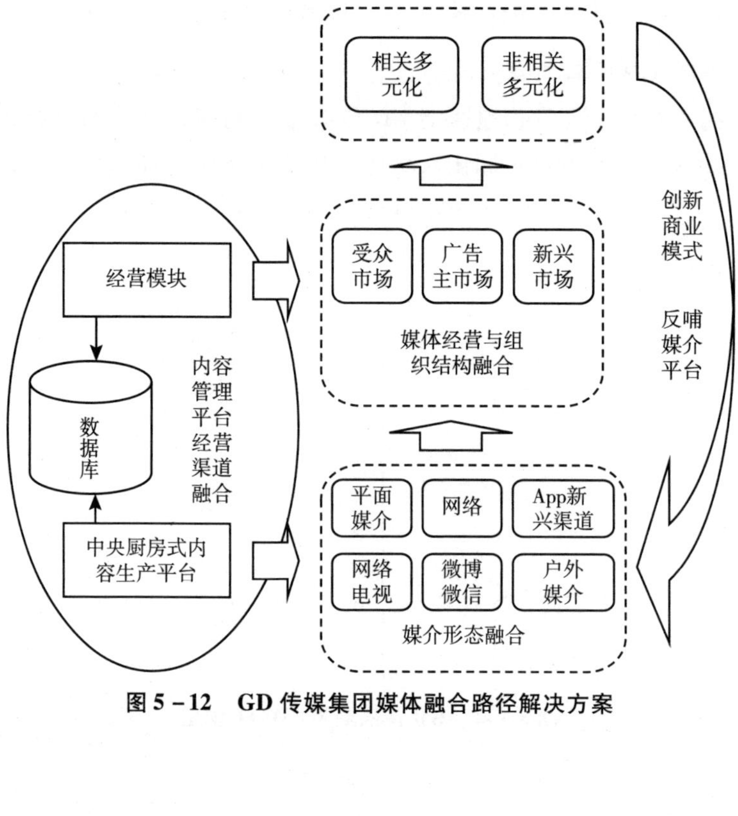

图 5－12　GD 传媒集团媒体融合路径解决方案

第四节　GD 传媒集团媒体融合路径实证结论

综上所述，GD 传媒集团尽管已初步构建了报纸、网站、客户端、微博、微信、手机报等多媒介传播平台，但其实质上仅限于传播渠道的多元化，并非真正的融合，各媒介平台的资讯采集、编辑、发布基本是分散、彼此独立的，这种模式尚属于媒体融合的初级阶段，仅仅是媒介形态的多元化，而这也是我国大部分传统媒体的现实状态。

同时，该集团的融合模式主要通过集团自身资源搭建新媒体平台，不论是其党报自建的新闻网站，还是旗下都市报建立的生活资讯类网站以及各种新媒体平台，均未跳出原有体制的范畴，属于体制内的融合。这种体制内的融合由于受制于技术壁垒与资金制约，搭建出来的平台与体制外新媒体相比相去甚远，融合的效果自然也难以达到预期目的。

从媒介组织、内容生产、渠道、平台层面来看，GD 传媒集团的运作模式与媒体融合的要求是偏离的。GD 传媒集团的组织结构延续的是传统的按不同媒介平台设计的分散型组织结构，这一组织结构模式下，各媒介平台不是融合而是分化的，有融合的“形”，而无融合的“神”。其人员结构，也与媒体融合对人才的要求不匹配，内容生产流程延续的亦是传统报业的生产模式。而在其商业模式中，仍以传统的“二次售卖”广告模式为支撑，新媒介平台并未形成新的利润增长点，相反成为“烧钱”的黑洞，经营上并未实现新旧媒体的融合。而在媒介平台的拓展上，基本是走自给自足的自力更生路径，这样也大大延缓了其融合的速度且制约了融合的进程。

因此，从以上分析不难得出这样的结论，自建“多媒介”传播平台的内生式增长融合是 GD 传媒集团媒体融合的路径，这一路径也是我国当前大部分传统媒体媒体融合的主要路径。在这一路径模式下，传统媒体通过自有资源搭建新媒体平台，只是实现了体制内传播渠道的多元化，而并未实现内容、渠道、平台、经营和管理的深度融合。而这一路径，显然只是媒体融合的初级阶段，并不能使传统媒体成功实现媒体融合，因此，也只能是一种过渡性路径安排，显然，也并不能实现媒体融合的终极目的——现代传播体系的构建。

第六章

人民日报媒体融合路径实证考察

虽然从国家层面提出媒体融合是始于2014年的《关于推动传统媒体与新兴媒体融合发展的指导意见》文件，但正如前面章节所述，随着互联网的广泛应用，我国媒体融合的实践也逐渐展开，并向形态、业态融合纵深推进，近年尤甚。在近年来的媒体融合实践中，大量传媒机构借助技术、资本的力量，整合资源，取得了一定成效，积累了一定经验，为我国传统媒体探索融合之路、构建融合路径提供了良好借鉴，人民日报社的媒体融合实践，就是其中之一。[①]

第一节　人民日报媒体融合举措

人民日报坚持一手抓传统媒体发展，一手抓新媒体建设，在办好传统报纸版面的同时，积极探索报业数字化转型和推进新兴媒体融合，开办了中央重点新闻网站人民网，推出了博客、微博、电视、手机报、手机网站和移动客户端及电子阅报栏等新媒体服务。人民日报加强与海外

① 案例资料来源：人民网、巨潮资讯网。

华文媒体合作，在意大利创办手机报。此外，人民日报积极推进旗下媒体资本运营，成立了人民网股份有限公司，并于 2012 年成功上市，开创了传统媒体媒体融合新路径。其媒体融合举措如表 6－1。

表 6－1　　人民日报媒体融合举措

传统媒介平台	《人民日报》《环球时报》《讽刺与幽默》《国际金融报》《证券时报》等
新兴媒介平台	人民网、环球网、澳客网、人民日报客户端、官方微博微信公众号、视频、手机报、电子阅报栏等
经营管理深度融合	成立人民网股份有限公司，通过资本市场推进与新兴媒体融合

第二节　人民网融合路径实证分析

一、人民网股份有限公司概况

人民网是人民日报社建设的以新闻为主的大型网站，于 1997 年 1 月 1 日正式上线。人民网股份有限公司系 2010 年 6 月由人民网发展有限公司整体变更成立，并于 2012 年 4 月 27 日在上海证券交易所上市。人民网股份有限公司全面负责人民网和环球网的运营，控股股东为人民日报社。人民网是第一家在国内 A 股上市的新闻网站和第一家在国内 A 股整体上市的媒体。人民网拥有中文、少数民族语言及 9 种外文版本，通过图文、视频和微博、客户端等多种手段，全天 24 小时发布信息。主办多个专业性新闻网站和中央部委网站。[①] 截至 2018 年 12 月 31 日，

① 摘自人民网简介，人民网 http：//www. people. com. cn/。

人民网股份与实际控制人之间的产权及控制关系如图 6－1 所示。①

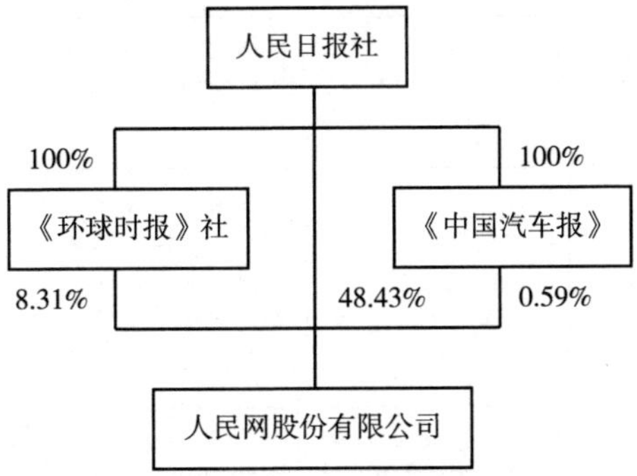

图 6－1　人民网股份有限公司与实际控制人之间的产权及控制关系

公司发展战略：以内容为主业，坚持智能化方向；以技术和资本双轮驱动，孵化产业、掌控数据，形成两翼；打造人民党建云等三大移动端产品；建设内容原创、内容代运营、内容风控和内容聚合分发四个层次的主体业务体系。实现人民网的政治价值、品牌价值、传播价值、平台价值、资本价值，成为人民日报社全媒体传播的主阵地。着力实现国际化、资本化、数据化、产业化，打造多语种、多终端、全媒体、全球化，具有强大实力的国际一流网络媒体；成为互联网上最重要的内容运营平台、风控平台、聚发平台；成为文化传媒领域领军的科技型、智慧型上市公司。②

其商业与盈利模式如图 6－2 所示③。

---

① 本章有关人民网股份的财务报表数据均来自人民网股份有限公司首次公开发行股票招股说明书及 2012～2018 年年报，巨潮资讯网 http://www.cninfo.com.cn/。

② 《人民网股份有限公司 2018 年年报》，巨潮资讯网，http://www.cninfo.com.cn/。

③ 秦祖智、李镓：《传统盈利模式下新闻网站渠道建设浅析——以人民网为例》，载于《新闻潮》2015 年第 4 期。

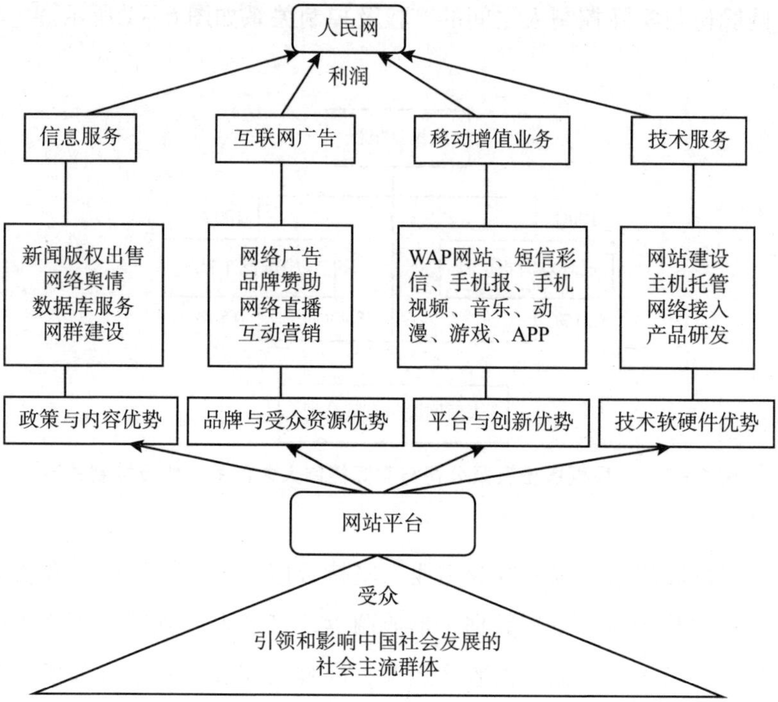

图 6－2　人民网商业与盈利模式

二、媒体融合路径探索的制度安排

正如本书前面章节所述，制度“对于社会资源的配置效率起着根本性的动因作用”和“对社会的发展起着决定性的作用”。①传媒制度的变迁对媒体的发展进程起着保驾护航的作用，对媒体的成功发展具有决定意义。人民网在发展的历程中，不断突破原有制度瓶颈、创新体制、机制和内部制度，使原有体制内的人力、物力等资源能力得以充分释放，获得了自身平台的极大发展，社会和经济效益同步提升，在反哺母体——人民日报的同时，为报业推进媒体融合、探索融合路径树立了

① 汪洪涛：《制度经济学：制度及制度变迁性质解释》（第二版），复旦大学出版社 2009 年版，第 19～20 页。

示范。

与所有报纸的“报网互动”发展一样，人民网上线之初是作为人民日报纸质版的延伸而逐渐发展壮大的。纸媒在进入互联网伊始基本都是由报社的网络部门负责网站的建设、管理，人民网亦是如此。人民网在实行公司化运营之前主要是由人民日报社的网络中心运营，2005 年 2 月，经人民日报社批准，人民日报社、中闻投资、环球时报共同出资设立人民网发展有限公司。自此，网络中心与人民网发展有限公司实行“一套班子、两块牌子”运营管理人民网。新闻及相关内容的采编制作、技术平台建设和维护以及运营管理主要由网络中心负责，发展公司侧重广告等业务的经营和市场推广，这一运营模式有力地推动了网站的发展，使其受众覆盖面、网站点击率和经营水平得到了极大提升，影响力日益扩大。

2009 年 9 月，《关于重点新闻网站转企改制试点工作方案》对人民网等全国重点新闻网站转企改制试点进行部署。在此背景下，为使人民网的资产、业务管理更加完整、科学，人民日报社于 2009 年 12 月以网络中心实物资产对发展公司增资，将网络中心资产和相关业务注入发展公司，自此，公司采编和经营体系全面构建。2010 年 6、7 月，经财政部、中央外宣办批准，发展公司整体变更为人民网股份有限公司。实行股份制后，经中央外宣办和财政部批准，公司进行了第二次增资扩股，引入了中银投资、北广传媒、英大传媒、中国联通、中国移动、中国电信等战略投资者，至此，公司股本已由当初设立时的 1 000 万扩充至 2.07 亿元，大大夯实了公司资产实力。在此基础上，公司于 2012 年 4 月 27 日在上海证券交易所挂牌上市。按上市当日收盘价计算，其市值达 95.97 亿元，涨幅 73.6%。借助资本的力量，在制度的支持下，人民网完成了从事业单位到上市公司的蜕变与华丽转身，成功走出了一条传统报业媒体的融合之路。

如果说外部制度、政策的支持是人民网成功实现融合的决定因素，那么内部制度的构建则是融合路径顺利实施的保证。在进行股份制改造之初，公司就进行了一系列的制度设计，最突出的就是公司治理结构的创新。与一般的上市公司不同，人民网由于属于党管媒体，有其意识形态控制的特殊性，作为主导国家意识形态传播的重要平台，人民网必须做到社会效益与经济效益的统一。为实现这一目标，确保人民网正确的舆论导向，公司在董事会下面设编辑政策委员会，负责网站内容的最终审核把关。公司编辑政策委员会在业务及专业层面上受控股股东人民日报社及其编委会的指导、管理，委员会实行总编辑负责制，成员由人民日报社委派的董事组成。同时，为有效解决采编线与经营线协同、配合问题，编委会总编辑由公司总裁担任，采编事项直接向公司控股股东人民日报社及其编委会负责。这一制度设置既解决了党管媒体、国家对意识形态的控制问题，又有效解决了采编与经营生产线的协同问题，规避了资源内耗风险，成为一大制度创新。其公司治理结构如图 6－3。

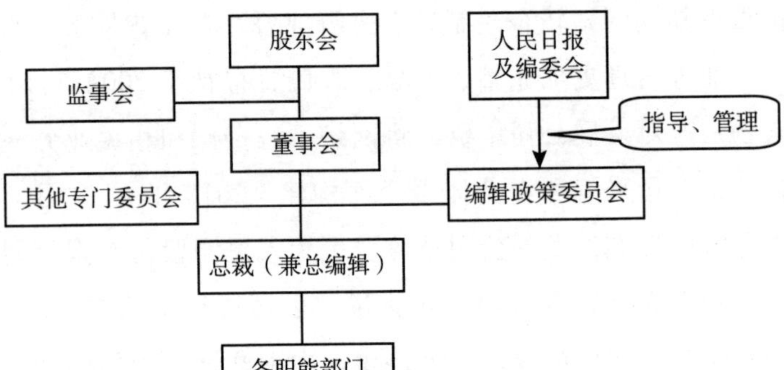

图 6－3　人民网股份公司治理结构

此外，制度特别是行业监管制度和宏观经济政策的变化也对日常生产经营乃至整个企业效益产生直接影响。为创新产品类型、改善公司业务结构，人民网股份于 2013 年末联合其他企业共同出资设立人民澳客传媒科技有限公司，对客户提供互联网彩票服务。该项业务 2014 年为公司带来 2.86 亿元的营业收入，占全部营业收入的 18%（见图 6－4），其毛利润率高达 69%，远高于公司原有传统业务板块利润水平。然而好景不长，2015 年 2 月，财政部、民政部、国家体育总局联合发布《关于开展擅自利用互联网销售彩票行为自查自纠工作有关问题的通知》，公司下属控股子公司人民澳客自 2015 年 2 月 28 日起暂停体彩、福彩的彩票委托业务，在这一政策影响下，2015 年上半年该项业务仅实现收入 4 608 万元，同比下降 48%。

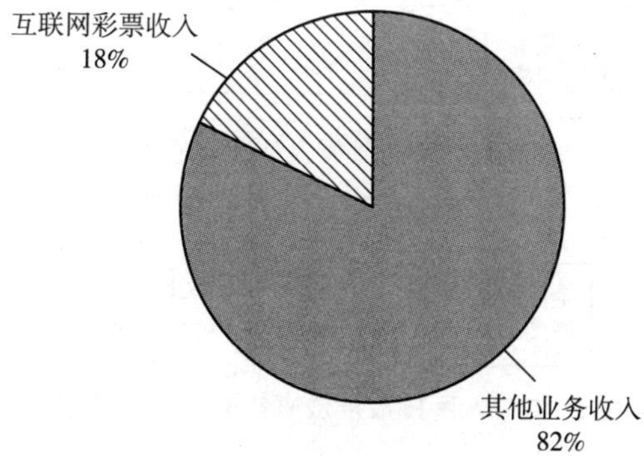

图 6 - 4 互联网彩票收入贡献度

从以上对人民网转企改制和业务运营的历程可以清晰地看到，国家宏观制度的支持，指导和推动了人民网的转企改制，同时也为其顺利推进媒体融合提供了制度依据与保障。作为传统媒体，僵化的体制机制一直是制约其业务创新的瓶颈，制度对资本准入和业务范围的放宽无疑是人民日报成功推进媒体融合的重要原因。因此，从制度层面寻找融合路径的突破是我国传统媒体成功推进媒体融合的重要路径方向。人民日报推进媒体融合的制度安排如图 6 - 5 所示。

三、媒体融合路径绩效分析

（一）媒体融合下的收入结构分析

人民网成立伊始，其商业与盈利模式基本还是延续报纸的模式以广告为主，尽管互联网广告市场规模近年持续扩张，相对纸媒广告而言形

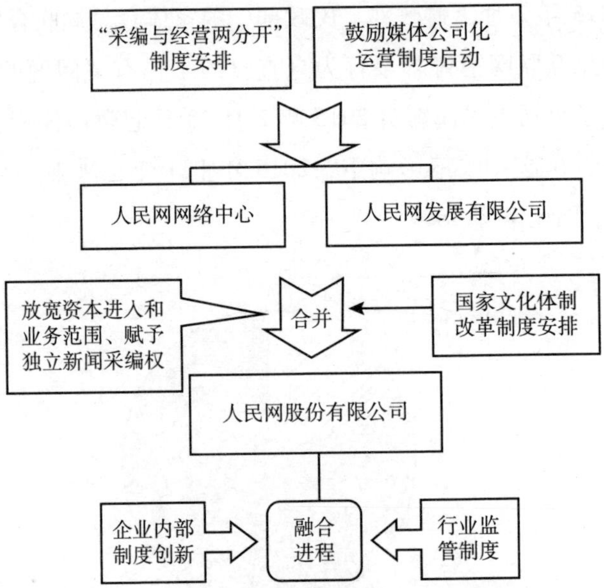

图 6－5　人民日报推进媒体融合的制度安排

势大好，但增速已呈现小幅下降趋势，互联网广告市场已整体进入成熟稳定阶段。同时，整个互联网广告市场亦存在结构性不平衡，传统的广告模式市场空间日趋变窄，新型业务模式不断出现，增量主要来自商业网站推广模式的创新，并表现出强劲的增长势头，导致传统领域呈现出成熟态势下的增速放缓。就人民网的传统广告及宣传业务而言，由于广告主预算进一步向移动互联网、搜索关键字、视频贴片类广告等细分领域倾斜，公司业务规模的进一步提升遇到了新的困难。并且由于人民网固有的新闻网站属性，在网站流量方面与商业网站相比仍有较大差距，存在受众结构集中度较高、覆盖面不够广等特点，在广告业务市场开拓方面面临商业网站和新媒体的挑战。因此，作为国家重点新闻网站的人民网，要在日趋激烈的互联网广告红海市场争得一席之地，必须创新传播方式，拓展新的平台，开发新的产品，充分利用自身内容优势，寻找新的增长点。基于这一背景，人民网充分整合资源，在业务板块设计上大胆创新，积极推进媒体融合，不但通过发展移动互联网业务在媒介形态上进行融合，推出新闻客户端、手机网站、手机视频等多元化的媒介平台，同时也在运营上进行融合，充分整合IT、金融等资源，改变收入结构，拓展新的盈利渠道。

从营业收入结构看，人民网2011年传统广告收入占比为59.8%，移动增值业务仅占9.8%，公司主营业务板块依然是传统广告业务。公司通过加强媒体融合力度，向移动互联网进军，不断推出基于媒体融合的移动增值业务新产品，传统广告收入占比不断下降，移动增值业务占比迅速上升，截至2018年，移动增值业务收入占比基本保持在20%以上，如图6－6，基本完成了业务结构的战略转型，基于移动互联网的全媒体、全覆盖的一流新闻媒体初见雏形。

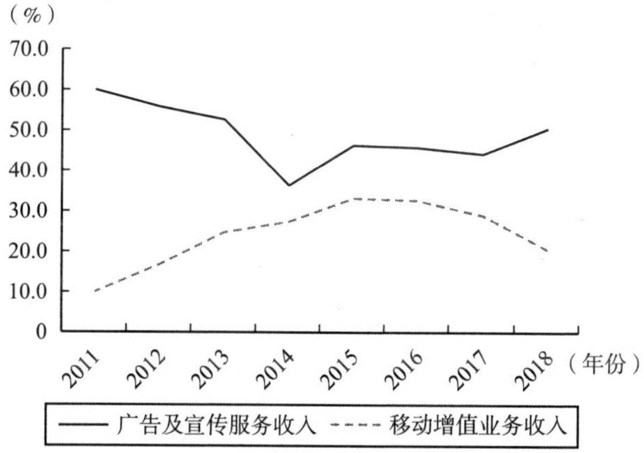

图6－6 人民网广告与移动增值业务收入占比趋势

（二）移动增值收入与营业收入相关性分析

从前述第（一）小节分析可以看出，人民网的移动增值业务已成为公司的主营业务板块之一，为进一步考察移动增值业务增长与公司整体营业收入增长的关系及贡献度，本研究对公司的移动增值收入与整体营业收入的关系进行相关性分析。为直观展示两个变量间的关系，从总体上观察两者是否存在相关性，特选取了公司2011年以来的营业数据进行统计分析，绘制了移动增值业务与全部营业收入相关性散点图，如图

6-7 所示。通过该图可以观察到，移动增值业务与公司全部业务收入基本呈线性分布，趋势发展基本一致，因此可以初步判断，公司的移动增值业务发展与公司的整体营业收入增长存在一定相关性，公司通过媒体融合举措，大力发展移动增值业务对公司营业收入增长具有一定正向影响作用，移动增值业务对公司整体营收水平的提升具有较高贡献度。

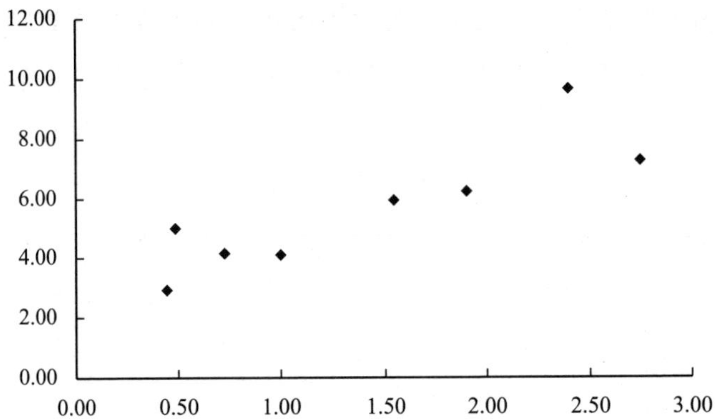

图 6-7　人民网移动增值业务与全部业务收入相关性散点图

尽管从散点图可以初步判断移动增值业务与全部业务营业收入具有一定的相关性，但究竟相关性有多大，公司互联网广告等其他业务板块对公司营业收入影响程度又如何，仅从该图无法做出具体量化判断。为此，需通过计算两者相关系数来进一步分析其相关性。相关系数绝对值越大，说明相关性越强。相关系数计算公式如下：

$$r = \frac{\sum_{i=1}^{n}(x_i - \bar{x})(y_i - \bar{y})}{\sqrt{\sum_{i=1}^{n}(x_i - \bar{x})^2 \cdot \sum_{i=1}^{n}(y_i - y)^2}}$$

分别假设广告及宣传服务收入和移动增值业务收入为自变量 x_1、x_2，公司营业收入为 y，分别计算广告及宣传服务收入和移动增值业务收入与公司营业收入间的相关系数 r_1、r_2。计算结果见表 6-2。从计算结果看，公司传统广告及宣传业务与公司营业收入的相关系数为 0.77，两者存在显著相关关系；公司媒体融合战略下的移动增值业务与公司营业收入相关系数为0.86，高于传统广告业务，两者存在高度相关关系，移动增值业务对公司营业收入的影响已日趋增大。该计算结果说明，一方面，传统广告业务收入增长与公司业务增长存在相关性，传统广告业务仍然对公司经营具有重要影响，传统广告业务仍然是公司主营业务之一；另一方面，移动增值业务与公司营业收入的相关系数已高于传统广告业务，移动增值业务对公司营收的贡献度已开始上升并超过传统广告业务，按照目前的增长趋势，移动增值业务的大幅增长，将使公司营业收入大幅提升。

表6-2 人民网广告业务、移动增值业务收入与公司营业收入相关性

考察期间	x_1（广告及宣传业务）（亿元）	x_2（移动增值业务）（亿元）	y（公司营业收入）（亿元）	r_1（广告及宣传业务与公司营业收入相关系数）	r_2（移动增值业务与公司营业收入相关系数）
第1区间时段	2.97	0.49	4.97	0.77	0.86
第2区间时段	1.54	0.45	2.92		
第3区间时段	2.40	0.73	4.16		
第4区间时段	2.16	1.00	4.13		
第5区间时段	3.25	1.54	5.94		
第6区间时段	2.30	1.90	6.20		
第7区间时段	3.42	2.40	9.65		
第8区间时段	2.74	2.75	7.25		

资料来源：人民网，http：//www.people.com.cn/GB/50142/420117/index.html。

纵观人民网媒体融合绩效，可以看出，通过融合，人民网不但实现了传播平台的多元化和立体传播体系的构建，也实现了经营、管理的融合，提升了媒体的经济效益，创新了商业模式，提升了盈利水平，有效反哺了传统媒介平台盈利能力的不足，夯实了主流舆论平台，实现了经济效益与社会效益的统一与同步提升。

第三节　人民日报媒体融合路径实证结论

人民日报的媒体融合始于报纸网络版的上线，其原始起点始于网络和信息技术的应用。而其网站正式上线后，即伴随媒介制度的改革逐步向资本驱动发展，并最终形成了一条技术、资本与制度协调、融合发展的外生式增长路径轨迹。

信息技术的发展与支撑，为人民日报满足受众资讯阅读需求提供了新拓展平台。随着人民网顺利上线，报业媒体融合的序幕正式开启。而随着受众需求的日益变化与增长，与所有传统媒体一样，简单的报纸数字化和报网互动已难以满足受众的多元需求，作为党和政府“喉舌”的官方舆论场面临民间舆论场的挑战，仅靠其自身发展已难以实现企业发展壮大的目标，社会效益与经济效益难以协调、同步发展，这对传统媒体进一步转型提出了越来越强烈的要求。在国家层面一系列制度的安排下，随着国家对传媒资本准入和业务范围的放宽，资本运营在传媒领域得以实施，人民网迎来了新的发展机遇，实现了人民网股份制改制和上市，资本得以在传统媒体的媒体融合进程中发力。而资本的进入一方面为其加强技术研发、提升技术水平和拓展新的传播渠道提供了资金支持，另一方面，通过与新兴媒体合作，实现了其业务结构的优化，拓展了新的发展空间。因此，人民日报的媒体融合进程，其实就是沿着信息技术开启融合之门、媒介制度支持外延式合作、合作助推技术和平台多元化的轨迹发展的，形成了良性循环和闭合生态圈，使媒体融合的社会效益和经济效益得以充分发挥。同时，其融合的进程也是打破技术、资本与制度区隔的过程，技术的壁垒促使其寻求路径突破，在完成了新媒体平台搭建后，又进一步为资本的引入寻找制度出口，以实现自身的发展壮大。

再次回顾人民日报的媒体融合进程，与所有传统媒体一样，其融合之初走的也是自建“多媒介化”传播平台的内生式增长融合路径，以期通过自建网站实现媒介传播平台的多元化和受众全覆盖。而其经过一段时期的探索之后，充分利用其自身的社会资源，实现了人民网的股份制改制并成功上市，使自身品牌和综合实力大幅提升，并据此与新兴媒体合作，创新盈利模式，优化业务结构，探索出了一条外生式增长融合路径，实现了路径转型。沿着这一路径，人民日报增强了资本实力与技术力量，使其旗下的新媒体平台——人民网的影响力、引导力不断提升，不但实现了内容、渠道和平台的融合，而且实现了经营与管理层面的融合，构建了舆论引导新阵地。人民日报的这一外生式增长融合路径是其取得媒体融合成功的重要原因。

第七章

浙报传媒媒体融合路径实证考察

第一节 浙报传媒集团股份有限公司概况

浙报传媒集团股份有限公司2011年9月借壳上海白猫股份有限公司上市。上市以来，公司致力于全面互联网化发展并不断推动产业优化升级。2013年，公司收购杭州边锋、上海浩方，搭建数字娱乐平台；2016年，公司投建包括“富春云”互联网数据中心、浙江大数据交易中心、“梧桐树+”大数据产业园、大数据产业基金在内的“四位一体”大数据产业生态圈；2017年，公司全盘剥离新闻传媒类资产，由“浙报传媒集团股份有限公司”更名为“浙报数字文化集团股份有限公司”，全面向互联网数字文化产业集团转型。公司以“建设国内领先的互联网数字文化产业集团”为目标，全面发展基于互联网的数字文化产业。重点聚焦数字娱乐产业、数字体育产业、大数据产业三大板块，同时发展电商服务、艺术品服务等文化产业服务和文化产业投资业务。浙报传媒集团股份有限公司控股股东为浙报传媒控股集团有限公司，实际控制人为浙江日报报业集团。浙报传媒以投资与经营现代传媒产业为核心业务，运营《浙江日报》《浙江在线》《钱江晚报》等超过35家媒体和边锋网络平台，产业规模居全国同行业前列。

浙报传媒营收和利润近年保持较快增长，市值居沪深两市传媒板块前列，是沪深300指数成分股。浙报传媒以用户为中心，在国内率先推进传统媒体和新兴媒体融合发展，全力构建互联网枢纽型传媒集团。①截至2018年12月31日，浙报数字文化集团股份有限公司与实际控制人之间的产权及控制关系如图7－1所示。②

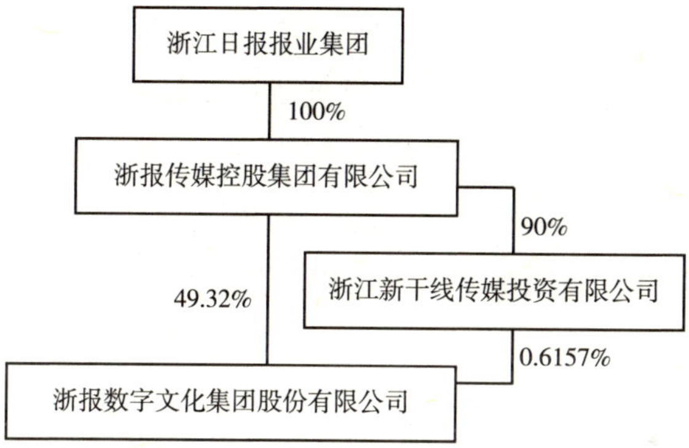

图7－1　浙报传媒集团股份有限公司与实际控制人之间的产权及控制关系

第二节　浙报传媒媒体融合路径分析

一、浙报传媒媒体融合战略布局

互联网尤其是移动互联网正以颠覆性的态势改变着传媒业等各种业

① 摘自浙报数字文化集团股份有限公司官网：http：//www.600633.cn/。

② 资料来源：浙报数字文化集团股份有限公司2018年年度报告，http：//www.600633.cn/。

态和消费者行为，全球报业面临越来越严峻的用户和广告分流形势，呈现出明显的行业性衰退趋势。浙报传媒作为传媒行业主流媒体集团，肩负着正确引导舆论、传播先进文化和壮大传媒产业的责任和使命，基于报业的行业性严峻形势，以资本运营为主要驱动力，大力推进内容、渠道、平台、经营、管理等方面的深度融合，按计划逐步向前推进新闻传媒、数字娱乐、智慧服务和文化产业投资“3 +1”平台建设。[①]

（一）新闻传媒平台建设

浙报传媒的新闻传媒平台主要包括党报板块、都市报和专业报板块、县市报板块、新媒体板块和印务板块。党报板块依托公信力品牌打造传媒文化服务旗舰。公司深入推进创新转型和融合发展，积极应对传媒格局变革和市场竞争挑战。浙报发展公司采用跨界整合方式，开展全媒体、全业务、全产业链的经营创新，搭建了大地产、电商换市、光荣浙商等10个综合文化服务平台；法制报公司形成了两大网群、两个省级政法网站、一批政法新媒体集群、一个政法用户群、一支视频制作团队的全媒体传播平台。

都市报板块加大内部体制机制创新和资源整合力度，钱江晚报深入实践打造“新闻 + 服务”的商业模式，地产全媒体已基本建立全媒体营销架构，通过178理财俱乐部积极打造基金信息推荐权威平台和用户集聚平台，主要行业市场份额在高位继续全面提升。

专业报板块积极延伸产业链，拓展文化增值服务收入。美术报公司的美术拍卖网站投入使用，老年报公司打造出“浙江孝贤”“浙江国际老龄产业博览会”等品牌活动，浙商传媒的浙商大会等品牌活动的影响力进一步扩大，浙商杂志官微粉丝已近5万并已上线移动阅读端。淘宝天下公司经过几年探索基本完成从平面媒体到互联网服务商的华丽转身。

① 该节浙报传媒资料及数据来源：浙报传媒集团股份有限公司2011～2018年年度报告，http：//www.600633.cn/。

县市报板块着力构建区域门户，打造全媒体融合服务平台。县市报板块总体营收在连续多年高速增长的基础上依然保持稳健增长，2014 年营收 5 000 万元左右的达到 6 家，利润 1 000 万元以上的达到 4 家。

新媒体板块着力搭建新平台，提升移动端服务能力。浙江在线新闻网站日均访问量超过 1 200 万人次，浙江手机报用户已突破 600 万。

印务板块拓展服务链，努力向“四轮驱动”转变。浙报印务继续从以单纯新闻印刷为主向新闻印刷、物业租赁、物资销售、数字印刷“四轮驱动”战略转变。

（二）数字娱乐平台建设

互联网游戏一直是竞争的红海。面对竞争，公司在保持棋牌、竞技、桌游三大主营 PC 业务稳定发展的基础上，进一步拓展无线游戏和海外市场。公司充分发挥主流传媒集团内容生产的优势，推出了为边锋用户量身定制的新闻产品，传播效果得到了突破性提升；推出互联网电视机顶盒——边锋盒子，试水家庭客厅娱乐领域。

公司投资 3 000 万元增资北京怡海盛鼎广告有限公司，占该公司股份的 23.77%，该广告公司拥有国内目前唯一的县域电影产业运营平台红鲤鱼院线，补足了浙报传媒数字娱乐产业链的发行渠道环节。

（三）智慧服务平台建设

互联网不仅改变了人们的生活，而且促进了企业商业模式的重构与创新。公司全力推进智慧服务平台建设。“钱报有礼”电商平台 2014 年交易额超过一亿元；与春雨医生合作开发运营网络医院 App、与杭州联众合作开展影像远程移动会诊，与修正药业合作布局养老服务产业，建设信息化、智能化、服务化新型的社区居家养老服务中心，互联网健康服务业的战略布局已现雏形。

（四）文化产业投资平台

公司积极拓展传媒和文化产业投资，构建传媒生态链。公司设立了先睿掌奇、星焕游戏基金、华数元启文化产业投资基金、人民浙报文化产业并购基金等，2014 年累计投资总额 2.08 亿元。公司进一步加强文化产业投资平台的项目管理，近几年来的投资逐步进入收获回报期，为公司业绩的稳定和增长提供了良好的支撑。

二、基于资本运营的媒体融合路径举措

浙报传媒上市后，通过资本的驱动，进行外向性扩张，全力推进内容、渠道、平台、经营和管理的深度融合。一方面，通过收购、投资等方式，向新兴媒体领域拓展，延伸平面媒体传播渠道，抢占社会主流受众群体，以此弥补传统报业受众流失的缺口；另一方面，通过资本运营，实施相关多元化战略，拓宽融合范围，跨媒体、跨业态融合，向文化产业进军，创造现金流，优化公司收入结构，创造新的利润增长点，反哺传统媒体业务的发展。公司及控股子公司自 2012 年以来累计对外进行股权投资 47 个项目（公司），累计投资额 42.43 亿元，如表 7－1 所示。

表 7－1　浙报传媒及控股子公司 2012～2015 年对外股权投资情况

年度	项目数	投资金额（万元）
2012	11	33 040
2013	6	332 366
2014	22	39 379
2015	8	19 459

注：2013 年投资额包括收购杭州边锋和上海浩方，投资总额 319 994 万元。

其中，对外投资 1 000 万元以上的项目 22 个，投资总额 41.76 亿元。通过一系列资本运营，构建了新闻传媒、技术服务、新媒体、文化投融资和智慧服务平台，传统媒体与新兴媒体融合的格局基本形成，并向文化产业横向和纵向延伸，产权融合的趋势日渐清晰。如表 7－2 所示。

表 7－2　　浙报传媒及控股子公司 2012～2015 年对外投资 1 000 万元以上的项目

被投资公司（项目）	主要业务	项目定位	投资额（万元）	投资比例（%）
浙江华数广电网络股份有限公司	广播，数字电视信息服务及相关技术服务，网络建设及维护管理等	新闻传媒平台	4 823	2.6
杭州安恒信息技术有限公司	技术开发，技术服务，成果转让	技术服务平台	2 250	10.0
北京千分点信息科技有限公司	计算机软硬件、网络技术、通信技术的研发及服务		3 000	8.1
上海缔安软件技术有限公司	计算机软硬件开发，技术服务及销售		2 700	15.9
话机世界通信集团股份有限公司	经营增值电信业务，移动通信转售业务试点；通信设备及配件销售	媒体平台	1 300	1.8
北京东方嘉禾文化发展有限公司	文化艺术交流，技术推广，广告与会展		1 000	6.01
北京华奥星空科技发展有限公司	因特网信息服务业务		4 941	36.0
起于凡信息技术（上海）有限公司	计算机软件及计算机系统集成的开发、设计、制作、销售		9 115	5.8
东方星空创业投资有限公司	文化产业投资，投资管理及投资咨询等	文化产业投融资平台	26 000	44.0
杭州先睿掌奇股权投资合伙企业	股权投资及相关咨询服务		3 600	99.7
杭州新线投资合伙企业	实业投资，投资咨询		1 200	54.6
星盟（杭州）创业投资有限公司	创业投资业务，创业投资咨询业务		3 000	33.1

续表

被投资公司（项目）	主要业务	项目定位	投资额（万元）	投资比例（%）
人民浙报传媒投资有限公司	文化产业投资，投资管理及投资咨询	文化产业投融资平台	2 500	50.0
浙江华数元启投资合伙企业	实业投资，投资管理，投资咨询，资产管理		3 900	11.5
杭州边锋网络与上海浩方	技术开发，技术服务，计算机软、硬件，网络游戏等	数字娱乐平台	319 994	100
北京怡海盛鼎广告有限公司	广告业务，会展服务和影视策划，影视器材相关产品销售等		3 000	23.8
爱阅读（北京）科技有限公司	移动阅读平台		9 600	70.0
天津唐人影视有限公司	电视剧、动画片等制作、发行、广告业务，电影设备及器材销售等		10 000	8.1
《玫瑰炒肉丝》	电视剧项目		1 500	33.0
《裸婚之后》	电视剧项目		1 500	33.0
《抗倭英雄戚继光》	电视剧项目		1 200	20.0
养安享养老产业股份有限公司	养老产业信息咨询，保健用品的批发、零售。	智慧服务平台	1 500	15.0

传媒产业是高技术含量的行业，浙报传媒对技术研发的投入一直很重视，其投入随营业收入的逐年增长而不断增加，这在一定程度上也促进了公司业务拓展和营收的增长，如表 7 – 3 所示。

表 7 – 3　　浙报传媒 2012 ~ 2015 年研发支出占营业收入比重

年度	研发支出（亿元）	占营业收入比重（%）
2013	0.6387	2.71

续表

年度	研发支出（亿元）	占营业收入比重（%）
2014	1.2274	4
2015 年上半年	0.7488	4.98

传统报业在数字化转型过程中进行了各种各样的探索和实践，一些报业媒体取得了一定收获，而一些媒体尚停留在报社办网站、开两微的阶段。随着互联网进入 2.0，信息传播已从单向流动向双向交流互动发展，传媒行业特别是报业需要对传统的运营模式和业务流程展开以融合为目的媒体流程再造，而近年来随着技术的发展，大数据开始向社会各行业渗透，并逐渐成为大众创业、万众创新的新引擎。大数据应用凭借其在数据搜集与管理、数据挖掘与分析和数据运用等方面的特点和优势，成为传媒行业转型的新路径与渠道，而国家对大数据产业的政策利好与支持无疑成为大数据技术应用的助推剂。在此背景下，浙报传媒于 2015 年 12 月发布公告，非公开发行股票募集资金，用于投资互联网数据中心及大数据交易中心项目，投资总额 23.27 亿元，如表 7－4 所示。其投资目的主要基于三方面考虑：一是推进“媒体融合”战略，构建媒体云平台，开辟传媒行业转型升级新路径，实现对用户的精准传播和服务的有效到达。二是深化“新闻＋服务”产业模式创新，以大数据统领新闻传媒、数字娱乐、智慧服务和文化产业投资平台的协同发展；三是培育大数据产业成为公司未来的主产业平台之一，推动公司业务向多元化发展，丰富公司的收入来源，创造和培育新的利润增长点，进一步提升公司的盈利规模，增强公司的综合竞争力。① 可以预见，公司大数据项目的成功建设，将开辟传统媒体构建媒体融合新平台、扩大影响力及公信力和创新商业模式的新渠道，成为推动媒体融合发展由“物理反

① 《浙报传媒集团股份有限公司 2015 年非公开发行股票预案》，中财网．http：//www.cfinet.cn/p20151216000880.html.

应”裂变为“化学反应”的样板与标杆。

表 7－4　　浙报传媒 2015 年非公开发行股票募集资金用途

项目名称	投资总额（亿元）	募集资金投资总额（亿元）
互联网数据中心项目	21.97	19
大数据交易中心项目	1.3	1
合计	23.27	20

三、浙报传媒媒体融合路径绩效分析

（一）资本运营路径的制度安排

国家相关的政策对报刊采编业务上市尚未完全放开，特别是时政类报刊采编业务尚不能转企改制，因此与人民网采编与经营资产整体上市不同，浙报传媒是经营性资产整体上市，这样便造成了采编与经营由两个甚至数个不同法人运作的状况，这种模式下存在沟通成本高、协同难、利益冲突以及引发同业竞争等问题，面对这一问题，浙报传媒实际控制人浙报集团采用独家授权、同业竞争承诺与关联交易的方式来解决这一制度限制下的冲突。

浙报集团承诺，浙报集团及其下属九家县市报社将继续无偿授权浙报传媒股份公司独家运营集团旗下报社经营性业务，并且，一旦国家行业政策允许，浙报集团将无条件允许浙报传媒股份公司择机收购浙报集团及县市报社未进入上市范围之内的报刊采编业务资产。同时，为消除同业竞争，浙报集团及浙报控股承诺，公司本级及子公司不以任何方式从事与上市公司浙报传媒主营业务构成竞争的业务。通过这一系列承诺，浙报集团旗下的报刊经营业务即由上市公司独家运营，消除了同业竞争的潜在风险。

浙报集团旗下报刊的经营性业务授权给上市公司浙报传媒后，通过广告分成、提供劳务等关联交易方式实现集团自身的营收，并最终实现持续运营。

（二）营业收入结构发展趋势

浙报传媒在2011年借壳上市之初，其业务基本以报刊发行、广告和印刷为支柱，占比达90%，属于典型的以发行、广告和印刷三驾马车驱动的传统报业企业。上市之后，即开始互联网枢纽型传媒集团的布局，通过收购、投资、合作等方式发力媒体融合。其经典之大手笔即是2013年采用非公开发行方式，向特定对象非公开发行人民币普通股股票募集资金22.6亿元，用于收购杭州边锋和上海浩方游戏平台，收购当年即给公司带来4.27亿元营收。2017年再次进行新闻传媒类资产剥离。通过一系列资本运营，浙报传媒发行、广告、印刷等传统业务收入占比逐年降低，而网络游戏业务占比则迅速上升，如图7－2所示。

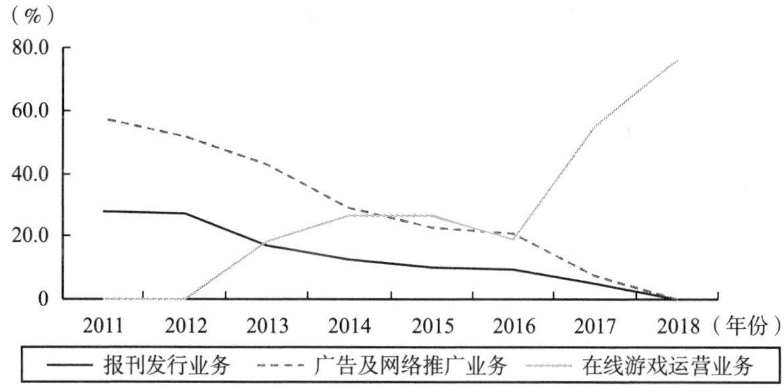

图7－2　浙报传媒近年主要业务营收结构变化趋势

截至2018年底，浙报传媒发行、广告和印刷业务已完全剥离上市公司，而在线游戏业务板块在不到三年的时间内占比已上升至75%，成为公司第一大业务板块，并且仍保持高速增长态势。

（三）新业务板块利润贡献度分析

从利润水平看，浙报传媒新闻传媒类资产完全剥离前公司平均毛利润率为36.2%，但各业务板块利润贡献度不均衡，且差距较大，传统业务利润率普遍较低，而游戏等新业务板块利润率较高，达到 82.5%，远远超过传统业务板块的利润水平，如表 7－5 所示。

表 7－5　　　　浙报传媒 2017 年度各业务板块毛利润率

业务板块	毛利润率（%）
报刊发行业务	45.6
广告及网络推广业务	27.6
印刷业务	2.7
无效增值服务	28.3
平台运营业务	31.4
在线游戏运营业务	82.5
信息服务业务	37.7
商品销售业务	21.8
其他业务	48.4
公司平均水平	36.2

从利润结构看，公司发行、印刷和广告传统业务板块利润占比仅为 7%，而在线游戏新业务板块利润占比超过 70%，成为公司利润的主要贡献板块，显然，游戏业务已成为公司的利润支柱，如图 7－3 所示。

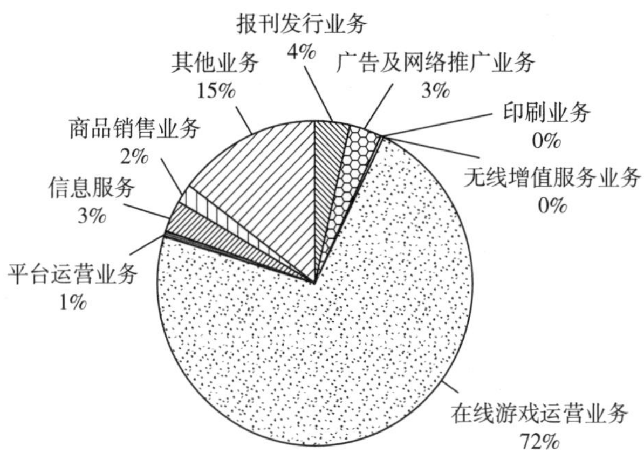

图 7－3　浙报传媒 2017 年各业务板块利润贡献度

第三节　浙报传媒媒体融合路径实证结论

从以上对浙报传媒的业务结构的梳理与分析可以看出，浙报传媒的融合走的是收购、兼并、投资的外向性扩张融合之路，在资本要素驱动下，打造投融资媒体融合平台，利用制度的红利与资本支持下的技术进步，进行体制外扩张，推动媒体融合发展，因此，外向性扩张融合路径是浙报传媒的主要融合路径。一方面，通过资本运营，筹集企业发展所需的巨额资金，进行相关多元化投资，构建传播渠道和平台，夯实主流媒体影响力、公信力和引导力，占据舆论高地。另一方面，通过纵向和横向延伸产业链，进行相关多元化和非相关多元化发展，优化产品与收入结构，创新盈利模式，提升盈利水平，打造媒体融合的造血平台，反哺媒介传播平台，夯实媒体影响力、公信力，实现社会效益与经济效益的统一和持续发展。如果说人民网的资本运营是小试牛刀，那浙报传媒在媒体融合进程中则把资本运营的潜能释放无遗。浙报传媒的资本运营不但实现了以浙江新闻 App、浙江手机报、浙江在线、浙江视界移动视频 App 为核心的媒介形态层面的体制内融合，还实现了跨业态、跨行业的市场运营和组织产权层面的体制外融合，为我国传统报业乃至传统媒体推进媒体融合探索出了一条清晰、可行、可借鉴的融合路径。浙报传媒媒体融合路径如图 7 - 4 所示。

媒介形态的演进历程，始终与技术的更迭形影不离，技术的进步推动了媒介形态的变迁，并激发了受众对新的传播介质的需求，从而推动传统媒体的转型升级。回顾人民网及浙报传媒的媒体融合进程，技术进步仍然是原动力。而随着社会发展，受众、用户对文化消费的需求日益增长，对资讯需求更呈现多元化、分众化的趋势，不再限于被动接受，更倾向于互动、便捷等消费体验，这对传统媒体提出了更高要求。而在传统体制、机制下，传统媒体不论是制度还是资本上显然都难以满足这

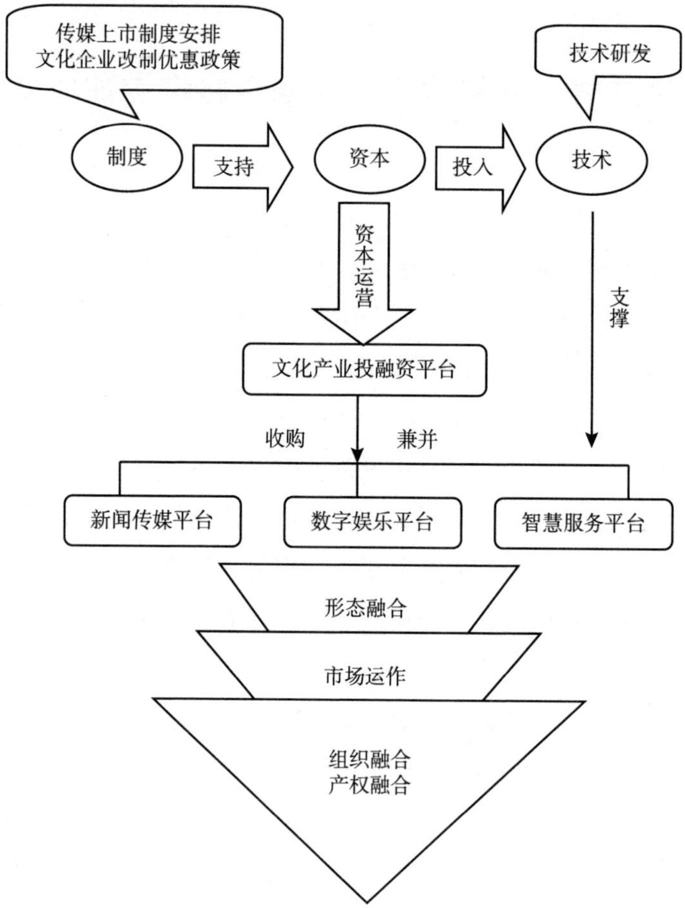

图 7－4　浙报传媒外向性扩张融合路径

一转型要求，因此，必须从制度和资本两个维度寻找融合的路径。通过制度改革，释放制度红利，给予传媒宽松的制度环境，鼓励和支持传统媒体通过资本的杠杆，撬动发展的地球，加大技术投入，拓宽业务范畴，实现形态、市场运营的融合，并最终实现组织融合和产权融合，构建社会效益与经济效益统一协调发展的舆论制高点。

面对新兴媒体的市场蚕食，传统媒体的市场占比日渐降低，受众不断流失，盈利能力日薄西山，传统媒体陈旧的商业模式和单一的营收结构将其推向了前所未有的生存危机边缘，优化产品结构、拓宽盈利渠道成为挽救传统媒体颓势的唯一方式。从前述实证分析可以看到，在此背景下，人民网和浙报传媒积极谋变，投入转型大潮中，通过转型升级、推进媒体深度融合，使发行、广告、印刷等传统业务占比逐渐降低，而新媒体增值业务、游戏平台业务、文化产业投资业务等营收占比不断上升，并逐渐成为主营业务板块，使其业务结构不断优化、盈利渠道不断拓宽，提高了抗风险能力。通过媒体融合，提高了营收规模与盈利水平，扩大了现金流，提高了经济效益，同时，抢占了受众群体，保证了传播的效果，巩固了主流舆论阵地，夯实了官方舆论场。

自从媒体融合上升为国家战略后，无论是传统媒体还是体制外新兴媒体都纷纷投入融合的大潮中探索融合的路径。正如朱春阳所说，技术和制度层面问题是造成我国传统媒体目前格局与困境的主要原因，由于中国传媒治理结构的特殊性造成了传统媒体与商业网站的制度基础与创新环境不对等，使人才、资本等因素的流通不畅，因此，传统媒体融合发展应走内部的体制外转型或与新媒体的合作创新路径。① 通过制度安排，释放制度红利，放宽资本准入，加强技术投入，拓展媒介平台，对内实现传统媒体与新兴媒体形态、内容、运营的融合，对外实现传统媒体的业态、组织、产权融合，构建新型媒体集团。从前述实证分析看，人民网的多语种、多终端、全媒体、全球化、全覆盖的国际一流新闻媒体和浙报传媒的互联网数字文化产业集团战略目标已初现雏形，其媒体融合已取得初步成效，并对传统媒体的转型提供了重要借鉴与路径范例，其外生式增长和外向性扩张融合路径将是未来传统媒体推进媒体融合的重要路径选择。

① 朱春阳、张亮宇、杨海：《当前我国传统媒体融合发展的问题、目标与路径》，载于《新闻爱好者》2014 年第 10 期。

第八章

媒体融合路径选择

21 世纪是互联网的时代，互联网在带给人们便捷生活、使地球变成平的同时，也给深处这个时代大潮的企业、机构带来巨大的变革压力，对整个行业生态进行了重新洗牌与定义。互联网促进了平台经济模式的诞生，颠覆了“羊毛出在羊身上”的商业模式，使“羊毛出在牛身上、让猪来买单”成为可能。在这一变革大潮中，变革、转型、融合成为传统媒体求发展的高频词。面对新兴媒体的风起云涌，传统媒体唯有拥抱新媒体、全力推进与新兴媒体融合，积极探索科学、可行、有效的融合路径方能重新抢占被蚕食的受众市场，重新构建舆论制高点。我国传统媒体的媒体融合实践始于互联网的普及与应用，自互联网进入人们日常生活开始，传统媒体即开始了对融合路径的探索，并探索出了一些较为成熟、可行、有效的融合路径模式。通过对我国报业的宏观考察与微观实证研究，我们可以清晰地看到，媒体融合大致的演进轨迹是媒介形态的融合、媒介市场运作融合和媒介产权融合。按照这一发展轨迹，从传统媒体实践看，目前传统媒体全面推进媒体融合的路径大致有三条：一是内生式增长融合路径，二是外生式增长融合路径，三是外向性扩张融合路径。而究竟选择哪条融合路径，将是传统媒体推进媒体融合战略必须重点审视与思考的问题。

第一节　新制度经济学理论框架下融合路径机理分析

一、体制区隔下的我国传媒市场格局

从前述对报业媒体的媒体融合路径实证分析可以清晰地看到，我国传统媒体的媒体融合主要有两大路径，一是传统媒体借助自身资源自建新媒体平台实现内生式增长，二是通过与体制外新兴媒体合作或通过资本运营实现外生式增长和外向性扩张。而这两大路径背后的运行逻辑与动力机制既有共性又存在个性差异，因此这两大路径方向下的制度变迁动因与效率也不完全一样。在我国传媒产业市场中，目前主要有以报业和广电为代表的传统媒体、以网络媒体为代表的体制内和体制外新兴媒体，而体制内新兴媒体基本依附于传统媒体的羽翼之下，大部分尚未形成完全意义上的市场主体，因此，我国的传统媒体和体制外新兴媒体构成了我国传媒市场的两大主体。在传媒市场中，传统媒体与新兴媒体不但存在技术与资本壁垒，并已形成区隔，而且存在制度壁垒所形成的传统媒体与体制外新兴媒体的市场区隔，其实，这也就是传统媒体为何要向新兴媒体融合的逻辑起点，因为如果传统媒体与新兴媒体之间没有区隔，也就不存在融合的问题。传统媒体与新兴媒体由于传播介质与传播方式不同而在技术上遵循不同的标准，以互联网技术为依托的新兴媒体是高技术含量的平台，由于传播技术的不同造成两者拥有不同的生产流程与理念，并因此而形成行业区隔。资本是传统媒体融合新兴媒体的另一壁垒。众所周知，新媒体行业既是高资金投入的行业，又是高投资风险的行业，其对资金投入的需求是一般传统媒体所不能企及的，仅仅通过自身的资本原始积累无法满足其巨额资金投入需求。同时，一直以来，我国媒介制度对传媒行业有着严格的行业禁入门槛，泾渭分明。虽

然目前对传统媒体开办网站、客户端已放宽管制，已不存在太多制度壁垒，但对一些领域仍然有严格的控制，特别对于体制外新兴媒体进入舆论宣传领域更是严格管制。传统媒体通过资本运营进行体制外扩张，目前制度上亦供应不足，这对传统媒体突破既有的融合路径依赖探索新的发展渠道形成了制约。因此，传统媒体与体制外新兴媒体各具优势并相互形成行业壁垒，传统媒体由于立于国有体制之下，作为党的“喉舌”是国家舆论引导的主要平台，并因此而独享制度保护红利；而体制外新兴媒体则在技术、资本上具有优势，并据此而不断侵蚀传统媒体市场。传统媒体与新兴媒体制度安排下的行业特性使其形成了明显的行业区隔格局，如图 8－1 所示，造成了传统媒体效率低下的现状。要改变这一现状，必须依赖制度变迁，打破现有行业区隔进行传统媒体与新兴媒体的融合。

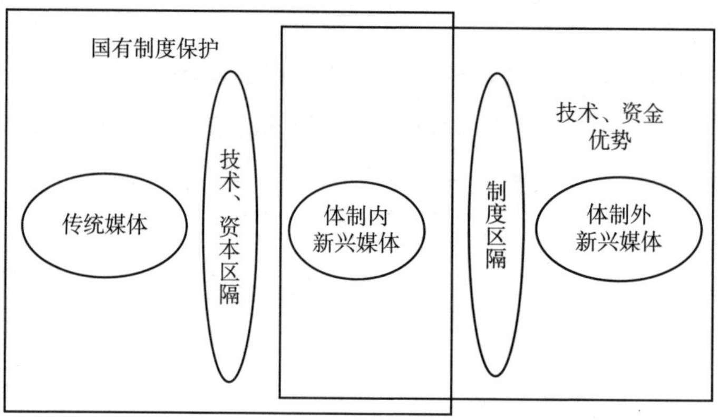

图 8－1　传统媒体与新兴媒体行业区隔

二、内生式增长融合路径动因剖析

传统媒体与新兴媒体间存在行业区隔，也就自然形成了市场竞争关系。在新兴媒体尚未诞生之前，传统媒体占有全部市场。体制外新兴媒体兴起后，形成了对其市场的侵蚀，但体制外新兴媒体由于受制于制度制约，不具备传统媒体的新闻采编许可，因此，传统媒体的新闻采编资源对新兴媒体而言是稀缺资源。而新兴媒体由于其良好的受众体验日益吸纳大量受众群体，使传统媒体的受众基础不断被削弱，争取原有受众群体的回归成为传统媒体的现实要求，借助体制外新兴媒体的平台扩大传播影响力成为传统媒体的一个备选方案。在这一情境下，传统媒体与新兴媒体间的交易成为可能，这样也就有了传统媒体与体制外新兴媒体早期的内容合作。但随着新兴媒体的日益壮大，以及知识产权制度的保护乏力和法制环境建设的滞后，新兴媒体对传统媒体的采编资源不再偏好，免费内容充斥整个资讯市场，传统媒体高昂的采编成本与体制外新兴媒体的免费策略形成了极大的投入产出比失衡，一方面传统媒体的采编资源相对价格不断走低，另一方面受众不断被蚕食，使传统媒体与新兴媒体的议价能力不断降低，交易费用不断上升，双方市场已不再均衡。于是，传统媒体为恢复既有的市场竞争地位，开始自办新媒体平台，期望通过这一举措，降低日益高涨的交易费用，而这也就是传统媒体向新兴媒体进行内生式融合的初始逻辑，如图 8－2 所示。而这一逻辑由于是传统媒体基于其生存现状做出的路径选择，能够一定程度上解决其效率问题，因此，不断得到强化、扩散，并形成了路径依赖，使大部分传统媒体在推进媒体融合的进程中首先偏好的就是这一路径逻辑，尽管效率不尽理想，但仍然为大多数传统媒体所依凭。

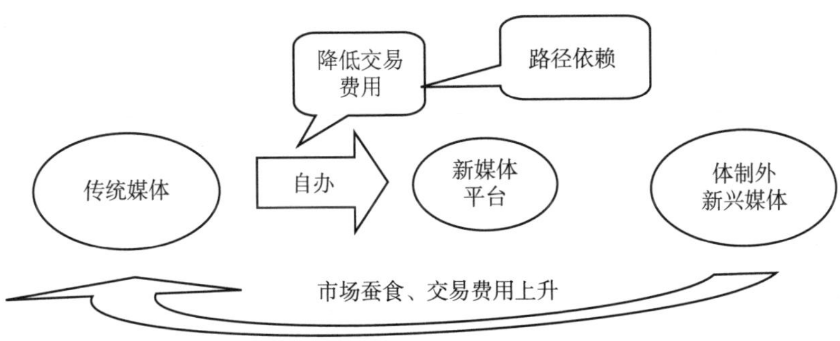

图 8－2　传统媒体内生式增长融合逻辑

三、外生式增长与外向性扩张融合路径理论溯源

尽管传统媒体通过自办新媒体平台实现了一部分传播受众的覆盖，但与体制外新兴媒体的受众规模相比是远远无法企及的，正如人民网在其招股说明书中所说，尽管人民网通过提供互联网新闻信息内容和其他互动服务积累了大量的互联网用户，但与新浪、搜狐等商业网站的用户访问量相比仍差距较大。其主要原因一方面在于传统媒体与新兴媒体间存在技术与资本的区隔，也就是说仅通过传统媒体自身的技术与资本积累是无法实现其深度融合的终极目标的；另一方面是传统媒体原有的运营路径依赖，以传统媒体的思维办新媒体、以传统媒体运营理念运营新媒体平台注定是一个低效率的行为，而这些原因背后的根本在于产权制度设置的低效。正如诺斯所说，“有效率的经济组织是经济增长的关键”①，“界定清晰的产权制度使进行创新和发明更有利可图”②。当前我国传统媒体的产权结构是媒体国有，所有者为国家，传媒机构及人员均是以代理人的身份参与运营。这看似产权清晰，各司其职，其实其产权是模糊的，国家作为所有者是无法管控媒体的具体运营的，而这也是我国当前国有企业的通病。同时，产权所有者与代理人存在不同偏好，国家偏好传媒机构主要做好舆论宣传，担当好“喉舌”职责，对经济效益并不偏好。因此，作为产权所有者，国家并没有太多意愿花巨资投入传媒市场微观主体的新媒体建设和技术研发，而将这一重任推给了市场——传媒机构，也就是推行“一元制度，二元运作”的制度模式，并给体制外新兴媒体形成了极大的市场空隙与发展机遇；而基于经济人假设的逻辑，代理人传媒机构囿于其生存发展的现实考虑则偏好于经济利

① ［美］道格拉斯·诺思、罗伯斯·托马斯：《西方世界的兴起》，厉以平、蔡磊译，华夏出版社 1999 年版，第 5 页。

② ［美］H. 德姆塞茨：《经济发展中的主次因素》，载于科斯、诺思、威廉姆森：《制度、契约与组织——从新制度经济学角度的透视》，刘刚等译，经济科学出版社 2003 年版，第 92 页。

益的追逐，它们也期待分享互联网带来的技术红利，但在既有的制度安排下，这种经济利益的偏好又很难得到满足，偏好的错位造成整个传媒制度效率低下。这一情境下，产权所有者——国家不愿尝试破除传统媒体与新兴媒体间的技术、资本屏障，而传统媒体仅凭既有的资源禀赋又无法实现技术、资本实力的提升与扩张，于是陷入“要素投入短缺—效率低下—缺乏资源投入”的恶性循环。要打破这一循环怪圈，必须从产权方面入手，通过产权的让渡，换取体制外新兴媒体及其他投资主体的技术与资本，同时也实现新兴媒体互联网思维的嫁接。作为国家舆论“喉舌”，“党媒姓党”是毫无疑问必须坚守的，因此，在产权结构安排上，可以通过绝对控股的形式实现国家舆论宣传导向的偏好，而让渡出的一部分产权一方面可以换取体制外新兴媒体的资金与技术，另一方面也可以借助新兴媒体平台实现受众的迅速回归和市场的快速渗透，并据此而实现国家与代理者偏好的统一与均衡，达到效率提升的目的。

这一产权结构的设计亦面临当下制度的制约，因此，从根本上说，造成这一状况的原因还是在于低效的制度安排，在现有制度安排下已无法实现其潜在利益，因此制度变迁或者说制度创新成为破解这一瓶颈的必由之路。“如果预期的净收益超过预期的成本，一项制度安排就会被创新”。[①] 在戴维斯（Lance E. Davis）和诺斯看来，制度变迁有两个词必须明确，一是制度环境，二是一项制度安排。[②] 当前我国传媒制度从总体上看具备了基本的政治、社会和法律制度环境，欠缺的是制度安排。因此我国传媒制度变迁应提供一种传媒产权制度安排，使传媒机构能通过产权结构的调整获得技术创新与资本扩张，并创设一种机制使这一制度能顺利实施。

---

① ［美］L. E. 戴维斯、D. C. 诺思：《制度变迁的理论：概念与原因》，载于 R. 科斯、A. 阿尔钦、D. 诺思著：《财产权利与制度变迁——产权学派与新制度经济学派译文集》，刘守英等译，上海三联书店 2003 年版，第 274 页。

② ［美］L. E. 戴维斯、D. C. 诺思：《制度变迁的理论：概念与原因》，载于 R. 科斯、A. 阿尔钦、D. 诺思著：《财产权利与制度变迁——产权学派与新制度经济学派译文集》，刘守英等译，上海三联书店 2003 年版，第 270 ~ 271 页。

而这一制度变迁是沿着“诱致性制度变迁—强制性制度变迁—诱致性制度变迁”的轨迹演进的。“制度安排的形式，从纯粹自愿的形式到完全由政府控制和经营的形式都有可能”。① 制度的变迁源于相对价格的不断降低和交易费用的上升，并由此导致激励结构和人们行为方式的改变和偏好变化，并最终诱致行为人自发倡导制度的变革。鉴于低效的制度模式，传统媒体为寻求生存发展，便自发倡导和实行现行媒介制度的变革和探索新的发展路径，并进行一些组织内部制度的调适以适应当前的制度环境，于是开始了诱致性制度变迁。而当前舆论引导阵地面临体制外新兴媒体挑战的严峻形势使国家层面不敢再任由传统媒体分散式变革探索，面对传统媒体不但长不大反而面临生存危机的现实，国家开始出台文件就传统媒体转型方向提出国家战略层面的制度安排，也就是《关于推动传统媒体和新兴媒体融合发展的指导意见》等一系列制度文件，这些制度安排明确提出传统媒体的转型方向就是与新兴媒体的融合，别无他选，因此是一种强制性制度安排，也就是说，此时已进入强制性制度变迁阶段。在这一制度安排下，传统媒体向新兴媒体融合又面临技术、资本壁垒，而要打破这些壁垒，需要相应制度支持，比如允许传统媒体上市、向体制外媒体开放部分传媒领域等，于是一些传统媒体开启了探索资本运营的融合之路。至此，又再次回到诱致性制度变迁的轨迹。而纵观我国整个传媒制度变迁的进程，是持续的、演化性的变迁模式，是一个渐进的过程，传媒制度变迁不可能短时间内剧烈转型成功。从我国人民网、浙报传媒、粤传媒等传统媒体的融合路径也可以得到佐证。因此，作为转型关键时期的传统媒体，恐怕需要保持严峻生态环境下发展的定力与耐力。

综上所述，相对价格的降低和交易费用的上升，导致传统媒体探索出了向体制外新兴媒体扩张融合的路径方向，而其背后的根本需求是对

---

① ［美］L. E. 戴维斯、D. C. 诺思：《制度变迁的理论：概念与原因》，载于 R. 科斯、A. 阿尔钦、D. 诺思著：《财产权利与制度变迁——产权学派与新制度经济学派译文集》，刘守英等译，上海三联书店 2003 年版，第 275 页。

制度变迁的渴望。良好制度环境和制度安排机制的构建，将使传统媒体通过资本运营的手段突破技术和资本区隔、实现向体制外媒体扩张成为可能，而这也就是传统媒体探索外生式增长和外向性扩张融合路径的理论动机，如图 8－3 所示。

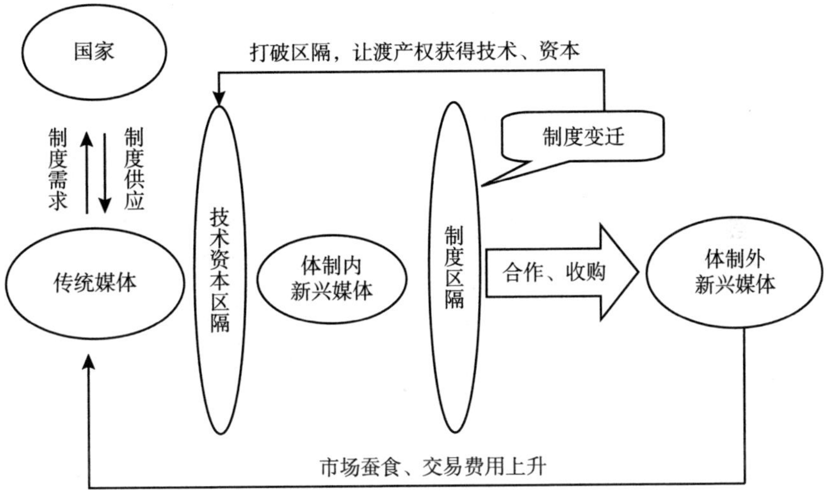

图 8－3　传统媒体外生式增长和外向性扩张融合逻辑

第二节　我国传统媒体媒体融合备选路径

一、内生式增长融合路径

内生式增长融合路径是指传统媒体通过自建网站、客户端、网络电视、视频、户外电子屏等新兴媒介实现新旧媒体的宽覆盖，以使逃离传统媒体的受众群体重新回归的融合模式，如图 8－4 所示。这一融合模式只是实现了传播渠道的多媒介化，媒体原有的传统媒介平台和新兴媒介平台组织机构、业务流程、经营管理等是彼此独立的，传统媒体旗下原有资源并未与新兴媒体整合形成合力，这种融合只是物理融合，是一种封闭式的自我融合，媒介的边界范围仍然囿于原有媒体组织范围内，未实现传统媒体圈的体制边界突破。这一融合路径也是我国大多数传统媒体正在走或曾经走过的路径，最突出的例子就是报纸办网站、电视台办网站、开两微和上线移动客户端。这种路径模式只是将内容在新平台上呈现，而未根据传播平台的性质和目标受众的偏好进行内容生产，其融合结果仅仅是多了一个内容传播的出口，并不能从根本上解决传统媒体受众流失的问题。同时，由于网站、客户端等新兴媒体对技术要求高，对资金投入需求量大，传统媒体在建设新兴媒体的过程中往往由于资金与技术的制约而成效甚微，陷入“资金投入不足—制约技术研发—新兴媒体建设滞后—经济和社会效益低下—资金短缺”的恶性循环，这也就是为何传统媒体都在感叹“不做新媒体是等死、做新媒体是找死”。而之所以存在这一问题，其原因一方面是由于制度制约了这些传统媒体的市场创新与拓展，缺乏动力机制；另一方面是由于长期的传统媒体运营模式固化了传统媒体的运营思路，使其缺乏互联网思维，尚停留在“读者”“观众”的陈旧理念，各部门都固守原有利益格局不愿打破，最终被市场边缘化，甚至出局。

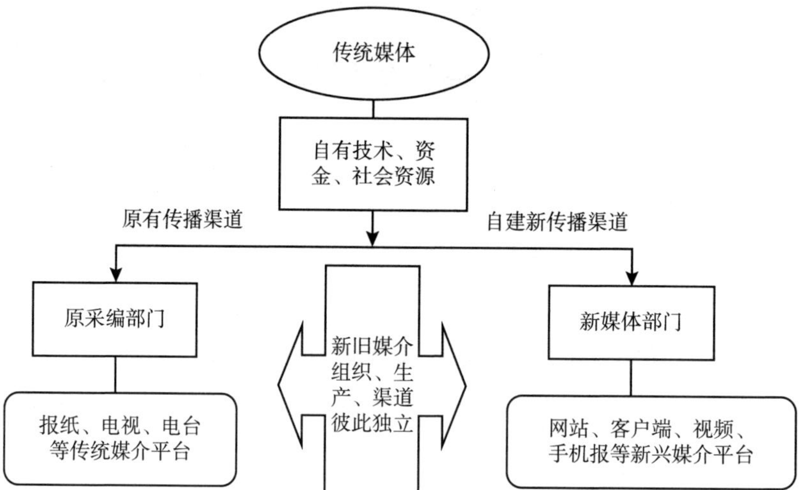

图 8-4　备选路径一：内生式增长融合路径

显然，这一融合路径仅仅只能作为传统媒体向新兴媒体融合的过渡期安排，而非问题解决的根本之道，因此，在当下媒体融合全面向纵深推进的形势下，传统媒体应该逐步放弃这一路径依赖，另行选择更为科学、可行、有效的融合之路。

二、外生式增长融合路径

外生式增长融合路径是指传统媒体通过内部资源整合，重点培育构建基于互联网、移动互联网的新兴媒体平台，通过“中央厨房式”的全媒体平台实现组织、内容生产的聚合，并在经营管理等方面进行深度整合，同时通过与其他新兴媒体合作、资本运营等方式将新媒体平台做强做大的媒体融合模式（见图 8 –5）。人民日报的融合路径即是典型的外生式增长融合路径。在融合之初，人民日报也是基于内生式增长融合搭建新兴媒体。通过报社办网站，实现报纸内容的数字化之后，对人民网进行股份制改造并最终实现 A 股上市，夯实了人民网的技术、资本实力，在此基础上，通过投资、加强研发，创新商业模式，拓展移动增值业务和网络彩票业务，推进人民网与各新兴媒体的深度合作，成功探索出外生式增长融合路径，最终实现了经济效益与社会效益的同步提升。当前我国一些传统媒体也纷纷开始实践这一路径模式。随着全国中小企业股份转让系统（即新三板）的上线，我国传统媒体纷纷通过这种外生式增长模式借助资本市场为其搭建的新媒体平台引入战略投资方，实现融资渠道的多元化和股权优化，推进深度融合。2014 年 2 月，济南日报报业集团旗下的新媒体舜网传媒在新三板上市，同年 7 月，湖北日报传媒集团旗下的荆楚网在新三板上市，成为第一家挂牌上市的省级重点新闻网站；2015 年 6 月，辽宁报业传媒集团旗下新媒体公司北国传媒成功登陆新三板，同年 7 月，江西互联网第一股大江传媒网络股份有限公司在新三板成功上市，其控股股东江西日报传媒集团也借此成为资本市场第三家省级党报集团；山东大众报业集团 2015 年 7 月整合集团内新媒体板块组建山东省互联网传媒集团股份有限公司，并拟在 A 股主板上市。传统媒体通过旗下新媒体公司借助资本市场获取发展空间的融合路径正越来越清晰，而 2016 年 9 月新华网在 A 股上市再次为我国传统媒体借助资本力量实现转型提供了路径借鉴。

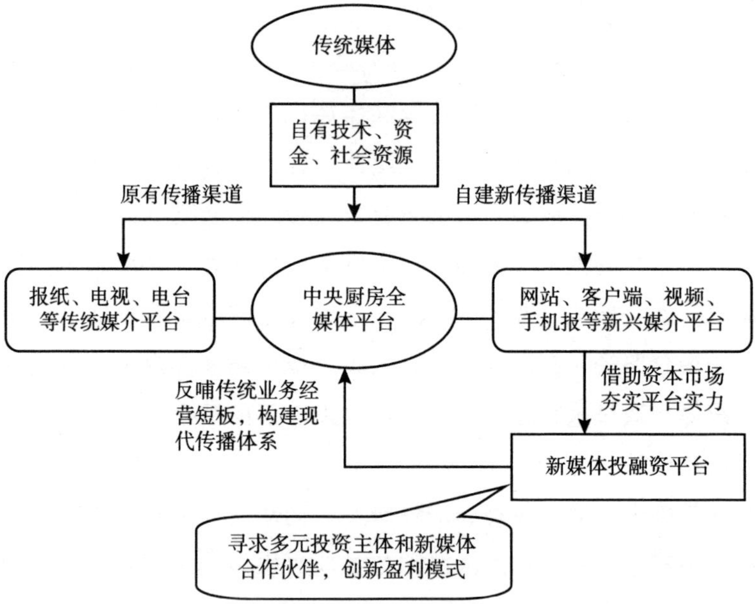

图 8－5　备选路径二：外生式增长融合路径

外生式增长融合路径不但实现了内容、渠道、平台的融合，而且在经营管理层面实现了商业模式的创新和运营、投资、管理的协同，使公司整体绩效大于部分绩效之和，产生“2＋2＝5”的协同效应，为新型主流媒体的打造和现代传播体系的形成打下坚实基础，因此，在当前制度对媒体融合不断释放红利的大背景下，外生式增长融合将是我国传统媒体推进媒体融合的重要可选路径。

三、外向性扩张融合路径

外向性扩张融合路径是指传统媒体通过打造媒体融合投融资平台，运用资本运营手段，通过兼并、重组和收购方式进行横向和纵向多元化发展，快速实现新兴媒体平台的布局、融合以及业务结构的优化和盈利模式创新的模式（见图 8－6）。这一模式有两个融合方向，一是收购、兼并新兴媒体以实现新旧媒介平台的融合，二是通过收购、兼并方式与其他传统媒体合作实现地域扩张或新兴媒体的间接融合。这一融合路径的典型案例就是浙报传媒。作为传统报业媒体，浙报传媒亦存在技术、资本的短板，在融合的进程中也曾走过大部分传统媒体所走过的内生式增长融合道路，但与大部分传统媒体特别是报业集团不同的是，浙报传媒充分利用其各种资源优势，积极探索融合发展的新出路，跳出媒介形态融合的固有思维，从资本运营入手，推动集团的股份制改造并最终实

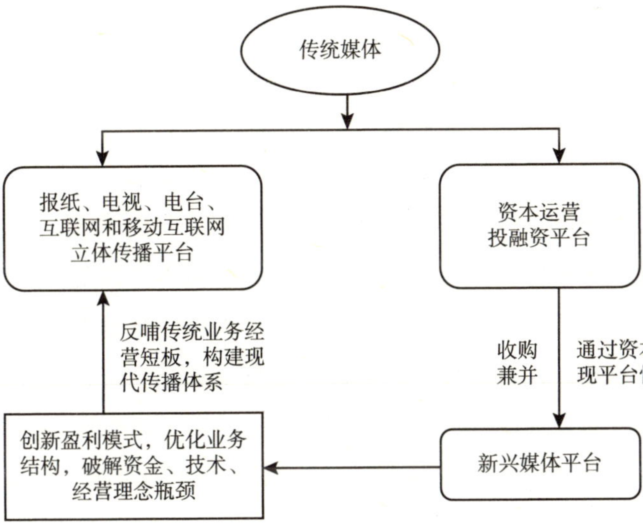

图 8－6　备选路径三：外向性扩张融合路径

现了 A 股上市，成为传统媒体经营性资产整体上市第一股。通过资本市场。获得了巨量发展资金，利用这笔资金收购浩方和边锋游戏平台，实现了媒体融合的华丽转身，成功由传统媒体转型为互联网数字文化平台。其实，这一路径虽然在传统媒体中不多见，但在新兴媒体中是快速扩张的常规路径，以阿里巴巴、百度、腾讯为代表的互联网巨头就是通过这一路径实现其传媒帝国的快速打造的。

这一模式已从传统的自建多媒介平台内生式增长融合的路径依赖完全逃离，同时也不同于外生式增长融合路径，已跳出传统的报纸、电台、电视台自建新媒体平台实现内生式增长融合的定式，成为传统媒体迅速抢占新兴媒体市场的有效路径。这一路径模式解决了传统媒体推进媒体融合的三个瓶颈：一是资本瓶颈，二是技术瓶颈，三是互联网思维运营瓶颈。作为传统媒体，要实现与新兴媒体的融合，必须实现新兴媒体平台的搭建，而新兴媒体平台搭建既需要巨量的资金投入，又需要先进的技术支撑，这两者都是传统媒体的短板，且传统媒体滞后于新兴媒体市场发展的运营理念更是制约其成功融合的瓶颈。既往的模式都是通过自身的原始积累完成资本实力的壮大，但所有企业成长的轨迹都表明，仅仅依靠企业自身的原始积累是很难满足企业发展所需的资本需求的，因此，必须借助资本市场，通过股权的多元化，实现企业发展资金的快速募集与积累。而先进技术的研发与应用，亦是建立在巨额资金投入的基础上的，腾讯、百度每年用于技术研发的投入均以亿元为单位，因此，通过资本市场可以有效解决传统媒体资金需求。同时，有了资金支持，可以通过收购、兼并等方式快速实现新兴媒体平台的布局，赢得发展的时间与空间。在收购新媒体平台的同时，也融入了新媒体运营团队的企业文化与先进经营理念，使传统媒体迅速切入新兴媒体市场，并在短时间内转化为现金流，实现新型主流媒体和传媒集团的打造。

第三节 我国传统媒体媒体融合的必由路径

内生式增长融合路径是我国传统媒体曾经或正在行走的道路，而外生式增长融合路径和外向性扩张融合路径也在个别传统媒体的探索实践中日渐清晰、成熟。对于当前处于转型关键时期的我国传统媒体而言，面对不同路径模式，究竟该如何选择才能确保融合成功呢？

尽管内生式增长融合路径在现在看来已难以实现我国传统媒体的融合目的，但其在融合之初对实现传播效应的最大化还是具有一定积极意义的。其他路径从目前的成功案例看，似乎对不同传统媒体而言并不完全具有可复制性。因此，各路径均有其自身的特点、优点和不足，不同传统媒体应根据各自实际情况选择不同的融合路径。

内生式增长融合路径属于封闭型融合，其融合属于体内循环，主要通过整合自身资金、技术及资源自建新媒体平台，受传统媒体资金、技术所限，所建新媒体平台用户体验差，传播效果不理想，而新旧媒介组织的彼此割裂又制约了其经营、管理层面的融合，无法形成融合合力，盈利模式也无法创新，融合效果差。

外生式增长融合路径属于开放型融合，其融合始于体内但“长”于体外，主要通过集中资源自建或与新兴媒体合作建设新媒体平台并经过一定培育期后，借助资本市场实现新媒体平台技术、资金、运营实力和传播效应的整体提升，并最终实现全面融合。这一模式所耗周期较长，而且需相应制度配套，例如新闻网站上市、非经营性报刊转企改制等制度安排等。

外向性扩张融合路径是完全的外向型开放融合模式，是一种传统媒体体制外转型融合的路径，其核心在于构建媒体融合投融资平台，借助资本市场募集资金，通过收购、兼并等方式快速实现新兴媒体的扩张，打造立体传播体系。而这一模式最大的制约因素在于制度对传媒资本市场的管制，虽然目前已有相关的制度安排，但传统媒体由于其固有的意识形态属性，在这一融合路径上注定是螺旋式爬行速度。

各融合路径的融合思路、优点与不足参见表8－1。

表8－1　　　　　　　　各融合路径优缺点比较

融合路径	主要融合思路	优点	不足
内生式增长融合路径	自建新媒体平台、实现多媒介多渠道传播	突破原有平台的局限，实现传播效应的多点覆盖	建设周期长，囿于资金、技术瓶颈融合效果差，各媒介平台彼此割裂，无法形成内容、渠道、经营合力，盈利模式无创新
外生式增长融合路径	自建或合作建设新媒体平台、借助资本市场集中优势资源培育某一新媒体平台，借以实现全面融合	实现立体化传播体系的构建和内容、渠道、经营深层次融合和盈利模式创新	建设周期长，需要制度支持
外向性扩张融合路径	构建媒体融合投融资平台，借助资本市场募集资金，通过收购、兼并等方式快速实现技术创新和新兴媒体的扩张，打造立体传播体系	在较短时间内实现新旧媒介的快速融合和业务结构的优化、盈利模式的创新	需要良好的运营管理基础及制度支持

而从各路径融合的难度和绩效看，内生式增长融合路径难度是最低的，该路径对融合主体的资源要求最少，也是相对容易推行的模式，但其融合效果也是最差的，融合的结果在经济效益和社会效益方面的绩效是最低的。外生式增长融合路径对融合主体的要求相对要高些，需要一定的制度支持，也需要融合主体在管理团队、组织结构等方面具备良好匹配度，其融合的绩效也相对较高。外向性扩张融合路径对融合主体的资源配置要求最高，需要融合主体具有良好的运营基础和配套制度支持，因而其融合效果也最好，融合绩效最高，如图8－7“媒体融合路径

选择象限”图所示。

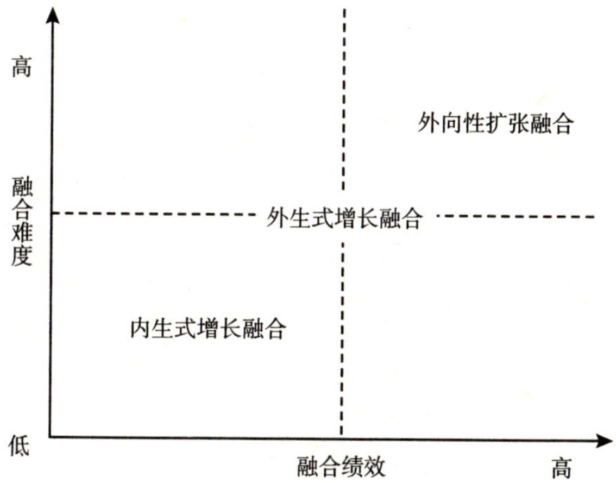

图 8－7　媒体融合路径选择象限

从上述各媒体融合路径的特点、优缺点分析不难看出，虽然目前大部分传统媒体仍然在内生式增长融合这一路径乐此不疲地耕耘，但该路径显然已难以承载传统媒体全面推进融合、实现转型发展的重任，当下的传统媒体不仅需要“形”似的融合，更需要“神”似的融合。而外生式增长融合路径由于其兼顾传统媒体既有的资源整合和转型扩张的现实需求，又能有效实现内容、渠道、经营等层面的深层次融合，因此，对大部分传统媒体而言，该路径是一条重要和有效可行的路径。尽管外向性扩张融合路径要求传统媒体在团队、理念、管理、市场等方面具备良好的基础和高效的制度支持，但从传媒乃至所有企业发展轨迹来看，收购、兼并将是传统媒体快速推进媒体融合的重要战略工具，选择外向性扩张融合路径将是传统媒体实现打造新型主流媒体、建成新型媒体集团、形成现代传播体系融合目标的必由之路。

第四节　媒体融合路径矩阵

传媒业界探索媒体融合路径的实践为媒体融合理论体系的建构提供了丰富的素材和研究土壤，对媒体融合概念范畴的重新界定与认知、对媒体融合趋势的把握具有重要参考价值与借鉴意义。也正是因为业界实践的不断推陈出新，推动了学界研究不断向纵深推进，为媒体融合理论的建构打下了良好基础。业界与学界的这种良性互动，为推动我国传媒发展构建了良好的传媒生态系统。

一、媒体融合范畴的重新定义

正如本研究开篇所述，媒体融合既包括媒介物理形态的演化与聚合，又包括媒体资本、制度等因素的融合与渗透，对媒体融合概念的界定，应持一种广义、宏观的视野。美国学者尼古拉斯·尼葛洛庞帝（Nicolas Negroponte）在20世纪就提出了广播电视业、计算机业和印刷出版业将在数字化浪潮下呈现交叠重合的发展趋势的观点，他认为计算机、印刷和广播三者的交叉处将成为成长最快、创新最多的领域。① 纵观以往学者的成果及通过本课题的研究，我们对媒体融合的概念和内涵有了全新的认知与延伸，对媒体融合范畴有了新的延展。

媒体融合是一个不断演绎、外延扩大和动态发展的概念，是随着媒介生态环境和社会经济发展不断丰富、变迁的；媒体融合起步于初始阶段的媒介形态的物理聚合，这一阶段在技术逻辑推动下实现的是内容、

---

① Appelgren E. Convergence and Divergence in Media：Different Perspectives，8th ICCC International Conference on Electronic Publishing Brasilia – DF，Brazil，June 2004：237 – 248. http：//elpub. scix. net/data/works/att/237elpub2004. content. pdf.

平台、渠道的融合；随着传媒生态的变迁，资本力量开始彰显，制度规制开始松绑，媒体融合从物理融合向经营、管理融合阶段深度推进，全面进入市场运营融合阶段；而随着工业进入4.0阶段，传统产业开始转型升级，传媒产业开始向传统制造业和通信、IT、文化、体育、教育、娱乐、金融等行业渗透，媒体融合进入产权融合阶段。因此，媒体融合不但是媒介形态的融合，更包括媒介市场运营的融合，未来的媒体融合将突破媒介形态，向市场运营和产权融合发展。媒体融合将成为传媒产业转型升级的重要路径，嵌入产权融合和产业创新的时代大潮中。

媒体融合概念边界如图8－8所示。

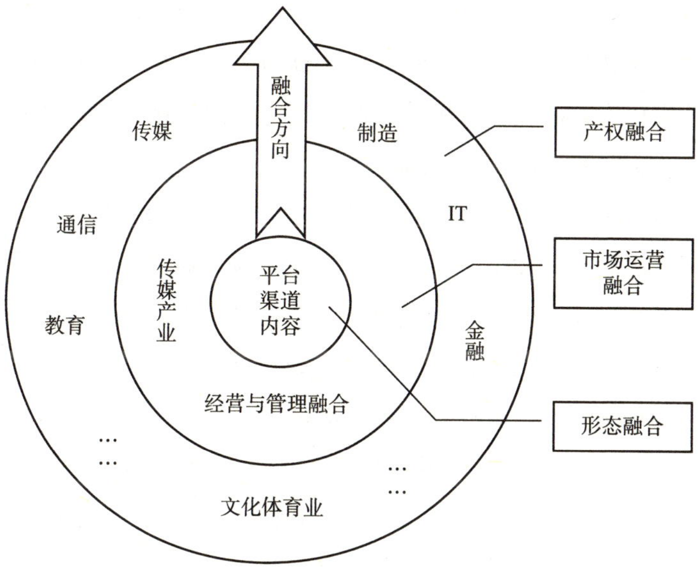

图8－8　媒体融合概念边界

二、媒体融合的演进轨迹与发展趋势

国内外学者对媒体融合趋势进行了多种预测，传媒机构等业界也对媒体融合实践进行了大量探索，形成和探索出了不同理论成果与成功模式，国家宏观层面发布的推动传统媒体和新兴媒体融合的指导意见，明确指出要从内容、渠道、平台、经营、管理等方面进行融合。纵观学界、业界和国家层面对媒体融合的规划与指引，归纳起来主要有三个阶段：一是媒介形态的融合，主要是指依托于技术进步的物理载体和传播形态的融合，这属于技术性融合，是物理形态的融合，这一层次的融合我们称为媒体融合1.0。二是市场运营融合，或者称为媒介运营层面的融合，主要是指不同类型、不同区域、不同层次的媒介机构在内容、平台和经营等层面的融合。这一层面的融合是媒介的深度融合，是基于资本运营和制度层面的融合，将是媒体融合的发展方向，我们称这一层次的融合为媒体融合2.0。三是媒介产权融合，即通过组织、产权的融合实现传媒、通信、IT、娱乐、金融等行业的大融合，这一融合阶段是与我国传统产业转型发展方向一致的，是高级阶段的融合，也是全球传媒产业乃至文化产业的发展方向，我们称这一层次的融合为媒体融合3.0。

（一）媒体融合1.0：形态融合

当前，国内外传统媒体面对新兴媒体的大潮，纷纷借助互联网和移动互联网推出新的传播平台，诸如客户端、微信微博以及在各类社交媒介平台开通官方账户等。这些融合方式，从根本上说，只是实现了媒介形态的更迭，通过新信息技术的应用实现传播渠道的多元化，因此，还只是一种物理融合，也就是媒介形态的融合。尽管还只是形态层面的融合，但亦已有效延缓了传统媒体受众的逃离速度，对重新抢占受众群体、守住舆论阵地具有重要意义，当前我国大部分传统媒体所进行的融合实践均属于形态融合的范畴。

形态融合的原动力来自技术，特别是信息技术的广泛应用，因此，其融合水平、融合进度也受制于技术发展水平。从传统媒体向新兴媒体融合的初始动因看，也是由于技术的发展催生了更便捷的传播媒介而产生变革的需求，传统媒体本身的演变历史也佐证了这一规律，当初就是由于造纸技术和印刷技术的研发、应用而取代竹简和活字印刷而使报纸成为普通市民重要的资讯获取渠道，广电媒介的出现同样如此。这种技术驱动下的融合解决了传播渠道的低成本、便捷性等问题，但对媒介机构而言，不但要抢占受众市场，获得传播效应最大化，而且还需拓展经营市场，获得新的利润增长点。而形态层面的融合，从当前的实践看，尚未突破传统商业与盈利模式，形成新的利润增长点。因此，形态层面的融合，更多的是解决社会效益的问题，而经济效益的问题是这个层面的融合所难以突破的天花板。

（二）媒体融合 2.0：市场运营融合

市场运营融合就是要求不同类型、不同区域、不同层次的媒介机构在内容、平台和经营等层面实现深度融合，在制度创新与保障下，充分运用资本杠杆，进行多元化运营，破解我国“井”字形媒介资源配置模式。当前我国的人民网和浙报传媒已初具市场运营融合的雏形。人民网以上市为契机，全面推进融合进程，在夯实原有网站的基础上，构建了中央网站、省市县频道和专业网站网群，并倾力打造新媒体矩阵。同时创新商业模式，拓展移动增值业务，实现收入结构的优化和营收规模的提升，全力打造多终端、全媒体、全球化、全覆盖的国际一流新闻媒体。浙报传媒转型的步伐更大，一方面，通过其党政等社会资源优势，拓展以党报为核心的平面媒体，形成以省级党报为核心、市县党报和专业报纸为补充的报群，构建舆论引导核心竞争平台。同时，加大技术投入，积极上线网络和移动传播平台，构建立体传播体系。另一方面，借助资本运营，不断扩大媒介运营的行业边界，进行横向延伸，向文化产业融合，优化企业的业务结构，提升盈利规模，反哺内容生产，实现公益职能与市场职能的双赢与良性循环，全面构建互联网枢纽型传媒集团。可以说，人民网和浙报传媒为我国传统媒体全面推进媒体融合提供了极好的路径范例。

同时，这种市场运营融合将不仅仅限于传统媒体融合新兴媒体，也有可能是传统媒体与传统媒体合作，间接实现与新兴媒体的融合。新兴媒体也可能通过资本、技术融合传统媒体，弥补自身内容、渠道的不足，从而构建新“新媒体”，而其阻力，唯有制度。只要制度规制放松，新兴媒体融合传统媒体就将会成为“新常态”。

（三）媒体融合3.0：产权融合

媒体融合在经过形态融合、市场运作融合后，在受众、市场等多重逻辑推动下必定打破原有的产业边界，跨行业、跨业态、跨区域融合，进入媒体融合的高级阶段，即产权融合。对产权融合具有借鉴意义的是产业融合概念。日本著名的产业经济学家植草益对产业融合给出的定义是产业融合是多个在过去被分类为不同的产业，因其中一方或双方产生技术革新从而使得可以相互提供可替代的资金、产品服务等资源，又或者是由于规制趋向宽松而使产业之间变得易于相互渗透，从而让原有的双方产业融合为一个产业，并与原行业的其他企业构成竞争关系的现象。① 植草益最后还构建了未来产业融合的模型，如图8－9所示，他指出，未来产业融合将以信息通信产业为中心，结合金融、运输、能源产业构成一个融合的整体。② 随着全球经济进入工业4.0阶段，“互联网＋”使传媒、IT、金融、设备制造等行业边界被打通、连接，真正进入生产的无边界时代，传统产业将面临新的转型，融合不仅是传媒领域的高频词，包括传媒在内的传统产业都将进入产权融合的全新阶段。

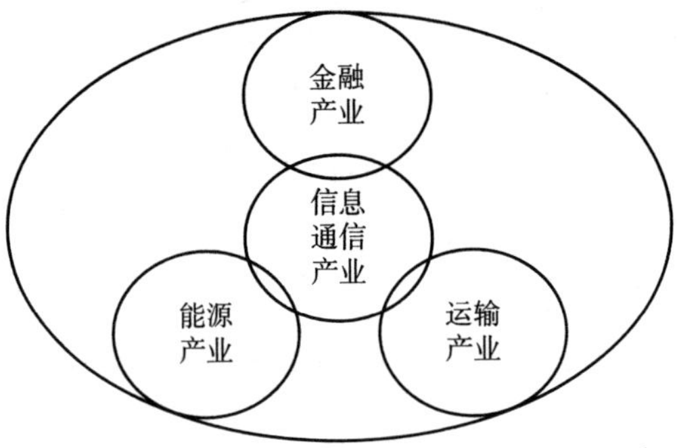

图8－9　未来产业融合模型

① ［日］植草益：《産業融合——産業組織の新たな方向》，岩波書店2000年版，第19页。

② ［日］植草益：《産業融合——産業組織の新たな方向》，岩波書店2000年版，第181页。

据媒体报道，互联网企业阿里巴巴继构建自己的传媒帝国格局之后，又开始进军医疗领域，与武汉市中心医院签署合作协议，结合其“千县万村”淘宝服务点计划，构建其互联网“未来医院”，而这些投入均以百亿元计。[①] 这一事例说明，当下时代正全面进入产权融合的新时期，以百度、阿里巴巴和腾讯为代表的互联网巨头在创造了平台经济商业模式之后，正引领传统产业以互联网为工具，进入平台转型、产权融合的新阶段，而作为传统媒体，毫无疑问，唯有拥抱互联网，积极投入转型大潮方是成功之路。

三、媒体融合路径矩阵构建

综上所述，内生式增长融合路径的驱动因素和资源需求主要是技术，而外生式增长融合路径和外向性扩张融合路径的驱动因素和资源需求主要是资本和制度，制度变迁则是传统媒体突破技术和资本壁垒的重要渠道。这三种路径选择在媒体融合的演进轨迹中分别扮演了不同角色。在形态融合阶段主要以内生式增长融合路径选择为主，在市场运作融合阶段主要以外生式增长融合路径选择为主，而在产权融合阶段，为实现组织、产权的融合，外向性扩张融合路径是必由之路。媒体融合的发展趋势与技术、资本与制度要素亦具有密切的内在逻辑关系，技术的发展催生了媒介形态的融合，是最基础、最基本的媒体融合；资本运营促进媒介市场运营融合，实现了资源的流动与行业边界的消除，使媒体融合进入市场运营融合阶段；而制度体系的创新和完善为传媒市场运营融合提供了制度保证，并为大传媒产业的构建和进行产权融合奠定了基础。技术、资本和制度等核心要素成为媒体融合演进轨迹的重要基石，并共同构筑起媒体融合的历史演进轨迹。内生式增长融合路径、外生式增长融合路径和外向性扩张融合路径推动了媒体融合终极目标——产权

① 资料来源：21 世纪经济报道，https：//m. 21jingji. com.

融合的实现。

传统媒体媒体融合从传媒市场格局横向空间维度看，通过制度变迁向体制外新兴媒体融合实现技术与资本壁垒的突破是融合的路径方向；从媒体融合发展历史进程纵向历时性维度看，媒体融合呈现形态融合、市场运作融合和产权融合的阶段性特征，产权融合是媒体融合的未来趋势和终极阶段。基于横向空间维度和纵向历史性维度构建的媒体融合路径矩阵为媒体融合路径探索提供了新的思路与指引，为传统媒体转型升级指明了路径方向，如图 8 – 10 所示。

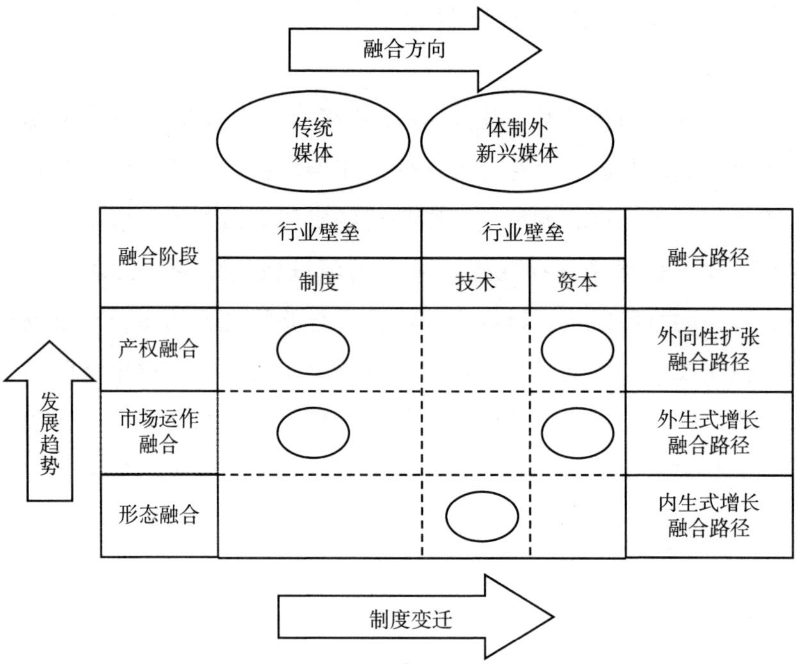

图 8 – 10　媒体融合路径矩阵

媒体融合的演进趋势虽然具有阶段特征，在传媒发展的不同阶段，由低到高依次呈现形态融合、市场运作融合和产权融合等不同融合程度，但融合的各阶段也并非泾渭分明、保持边界清晰。这一演进趋势在不同国家、不同地域、不同传媒机构会呈现不同的演进特征。媒体融合演进趋势是一个渐进的过程，世界经济发展的不均衡性注定媒体融合进程也是一个不均衡和不同步的过程。尽管如此，市场运营融合、产权融合都将是未来所有传统媒体融合发展的重要方向和趋势，也是传统媒体全面推进融合的必由阶段。当今是传统行业向平台经济转型的时代，传统行业向平台转型的方向是“去中介化”“去中间化”，利用平台商业模式进行跨界整合，挖掘增长亮点。[①] 而我国传统媒体的转型也将沿着这一逻辑，按照形态、市场和产权融合的趋势向前发展，形态融合是起点，也是基础，市场运营融合是必由阶段，产权融合是未来媒体融合的终极目标，而外向性扩张融合则是这一终极目标的必由路径。

① 陈威如、王诗一：《平台转型：企业再创巅峰的自我革命》，中信出版集团2016年版，第5、10页。

第九章

结论与研究展望

媒体融合的研究起步于西方。我国对媒体融合的研究始于21世纪初，至今也就十余年时间。其间曾一度沉寂，2014年中央全面深化改革领导小组第四次会议审议通过《关于推动传统媒体和新兴媒体融合发展的指导意见》将学界和业界对媒体融合的研究和实践再次推向高潮，成为这两年的热门词，并取得了一定成果，但媒体融合研究毕竟属新兴研究领域，其理论体系尚处于建构进程中。

本研究在中国报业等传统媒体面临新兴媒体全面挑战、生存状况堪忧的行业大背景下，基于传统媒体与新兴媒体融合发展上升为国家战略的新形势，以传统媒体媒体融合的路径探索为研究对象，运用相关理论与分析工具，构建了以传媒市场格局为横向空间维度，以媒体融合发展进程为纵向历时维度，基于新制度经济学的理论分析框架。通过对我国报业媒体融合进程的宏观与微观考察、分析，探讨在媒体融合上升为国家战略的制度利好场景下，我国传统媒体该选择什么路径才能确保媒体融合的成功推进，在此基础上为我国媒体融合理论体系的构建提供研究支持。

通过研究，得出了以下结论：

一、全面推进与新兴媒体的融合是传统媒体变革的必由之路和发展方向。传统媒体和体制外新兴媒体是我国传媒市场的两大主体，技术和资本壁垒使传统媒体和新兴媒体形成了技术、资本区隔，制度屏障使传统媒体和体制外新兴媒体形成了制度区隔。在当前传统媒体核心竞争力与官方舆论场面临体制外新兴媒体挑战的形势下，变革是其重新抢占舆论高地、重塑公信力与影响力的唯一选择，全面推进与新兴媒体的融合是传统媒体变革的必由之路。而通过制度变迁打破技术、资本区隔和制度区隔，实现传统媒体的体制外融合是全面推进融合的重要路径方向。

二、内生式增长融合、外生式增长融合和外向性扩张融合是媒体融合的三个主要路径。不同传媒机构由于所处地域和发展阶段不同可选择不同的融合路径，但外生式增长融合将是传统媒体推进媒体融合的重要选择，而外向性扩张融合路径是我国传统媒体实现打造新型主流媒体、建成新型媒体集团和形成现代传播体系融合目标的必由之路。

三、基于横向空间维度和纵向历时性维度构建的媒体融合路径矩阵为媒体融合路径探索提供了指引。媒体融合随着媒介实践的发展而具有不同内涵与外延边界，学界、业界与政府对媒体融合均有不同层次的理解与诠释，所以，对媒体融合的概念与范畴应持一种动态、发展的视角进行研究。媒体融合发展大致经历形态融合、市场运营融合和产权融合三个阶段，产权融合是媒体融合的未来趋势和终极目标。内生式增长融合主要发生在形态融合阶段，外生式增长融合主要发生在市场运营融合阶段，而外向性扩张融合是实现产权融合这一终极目标的最佳选择。

四、实证研究为媒体融合研究提供了更为广阔的视野与评判指标，使研究结果更具可测量性，将是未来媒体融合研究的重要研究方法。同时，实证研究需要大量数据支持，因此，构建公开、持续、统一的传媒产业统计体系是传媒研究的重要基础和保证。

媒体融合的研究尚属新兴研究领域，本研究由于所选案例不多，部分传媒企业数据获取有难度，传媒产业统一、持续的宏观数据欠缺，加之研究者本人研究水平所限，所得出的研究结论尚需理论与实践的进一步检验。同时，对媒体融合经济学层面的深层次机理探讨、分析尚过于粗浅，这将是本选题未来的重要研究方向。

附　　录

问卷编号：____

受众媒介接触习惯调查问卷

尊敬的先生/女士：

您好！

为研究媒体受众对媒介的使用情况和接触习惯，我们特进行此次抽样调查，耽误您几分钟时间，请协助我们完成此次调查。这些资料我们只做数据统计分析使用，您的个人信息我们会严格保密，请您放心。

媒体融合路径研究课题组

1. 您的性别是（　　）。

A. 男　　B. 女

2. 您的年龄是（　　）。

A. 16～25 岁　　B. 26～35 岁　　C. 36～45 岁

D. 46～55 岁　　E. 56－65 岁

3. 您的职业是：（单选）（　　）。

A. 党政及事业单位职员　　B. 公司员工　　C. 自由职业

D. 学生　　E. 农民　　F. 退休

G. 其他

4. 您的教育程度是：（单选）（　　）。

A. 高中及以下　　B. 大学专科及本科

C. 研究生及以上

5. 您的个人月收入是：（单选）（　　）。

A. 3 000 元及以下　　B. 3 001 ~ 5 000 元

C. 5 001 ~ 8 000 元　　D. 8 001 ~ 12 000 元

E. 12 000 元以上

6. 请您选出最常使用或接触的媒介：（可多选）（　　）。

A. 报刊等平面媒体　　B. 广播　　C. 电视

D. PC 互联网　　E. 移动互联网　　F. 户外媒体

G. 电影

7. 您过去一年内阅读报纸的频率：（　　）。

A. 每天　　B. 每周 1 次或以上

C. 每 2 周至少 1 次　　D. 每月至少 1 次

E. 基本不阅读（选择该选项的跳至第 9 题）

8. 您选择报纸的最主要原因：（　　）。

A. 内容丰富，贴近生活　　B. 价格便宜　　C. 工作需要

D. 报道权威，观点独特　　E. 其他________

9. 您不阅读报纸的最主要原因：（　　）。

A. 内容不吸引人，与网络雷同

B. 获取、携带不方便

C. 有其他更好地获取资讯渠道

D. 其他________

10. 您过去一年内收听广播的频率：（　　）。

A. 每天　　B. 每周 1 次或以上

C. 每 2 周至少 1 次　　D. 每月至少 1 次

E. 基本不收听（选该选项的继续答第 11 题，否则跳至第 12 题）

11. 您不收听广播的最主要原因：（　　）。

A. 内容不吸引人

B. 收听不方便

C. 有其他更好地获取资讯渠道

D. 其他________

12. 您过去一年内收看电视的频率：(　　)。

A. 每天　　　　　　B. 每周 1 次或以上

C. 每 2 周至少 1 次　　D. 每月至少 1 次

E. 基本不收看（选该选项的继续答第 13 题，否则跳至第 14 题）

13. 您不收看电视的最主要原因：(　　)。

A. 内容不吸引人

B. 收看不方便

C. 有其他更好地获取资讯渠道

D. 其他________

14. 您每周上网时间大概为多少（包括通过电脑和手机上网）？(　　)。

A. 不上网　　　　B. 少于 10 小时　　C. 10 ~ 20 小时

D. 20 ~ 30 小时　　E. 30 小时以上

15. 您经常访问的网站主要有哪些？（可多选）(　　)。

A. 大型商业门户网站及其移动客户端（如新浪、搜狐等）

B. 传统媒体办的网站及其移动客户端（如人民网、各地的新闻网站等）

C. 娱乐、消费、社交类商业网站及其移动客户端

D. 在线教育、搜索引擎类网站及其移动客户端

E. 其他网站____________

16. 您对于以下不同媒介的偏好程度如何？请用依喜好程度按 1 ~ 5 分进行打分，5 分代表非常喜欢，1 分代表非常不喜欢。

媒介类型	1 分	2 分	3 分	4 分	5 分
报纸等平面媒体					
广播					
电视					
PC 互联网站及应用					
移动互联网及应用					
户外媒体					
影院电影					

17. 以下的互联网应用类型哪些是你经常会使用到的？（多选，在后面打√）。

互联网应用类型	是否使用	互联网应用类型	是否使用
信息获取类：		交流沟通类：	
搜索引擎		即时通信（QQ、微信等）	
网络新闻		博客、个人空间	
商务交易类：		微博客（新浪、腾讯等）	
网络购物		论坛、社区	
团购网站		电子邮件	
网上支付		网络娱乐类：	
旅行预订		网络游戏	
互联网理财		网络文学	
		网络视频	
		网络音乐	

调查到此结束，衷心感谢您的支持！

参 考 文 献

一、中文部分

[1] [美] A. 阿尔钦. 产权：一个经典注释 [C].//R. 科斯，A. 阿尔钦，D. 诺思. 财产权利与制度变迁——产权学派与新制度经济学派译文集. 刘守英，等译. 上海：上海三联书店，2003.

[2] [美] H. 德姆塞茨. 经济发展中的主次因素 [C].//R. 科斯，D. 诺思，威廉姆森. 制度、契约与组织——从新制度经济学角度的透视. 刘刚，等译. 北京：经济科学出版社，2003.

[3] [美] H. 德姆塞茨. 关于产权的理论 [C].//R. 科斯，A. 阿尔钦，D. 诺思. 财产权利与制度变迁——产权学派与新制度经济学派译文集. 刘守英，等译. 上海：上海三联书店，2003.

[4] [美] L. E. 戴维斯，D. C. 诺思. 制度变迁的理论：概念与原因 [C].//R. 科斯，A. 阿尔钦，D. 诺思. 财产权利与制度变迁——产权学派与新制度经济学派译文集. 刘守英，等译. 上海：上海三联书店，2003.

[5] [美] R. 科斯. 社会成本问题 [C].//R. 科斯，A. 阿尔钦，D. 诺思. 财产权利与制度变迁——产权学派与新制度经济学派译文集. 刘守英，等译. 上海：上海三联书店，2003.

[6] [美] V. W. 拉坦. 诱致性制度变迁理论 [C].//R. 科斯，A. 阿尔钦，D. 诺思. 财产权利与制度变迁——产权学派与新制度经济学派译文集. 刘守英，等译. 上海：上海三联书店，2003.

[7] [奥] 庞巴维克. 资本实证论 [M]. 陈端，译. 北京：商务印书

馆，2009.

［8］［美］保罗·A. 萨缪尔森，威廉·D. 诺德豪斯．经济学［M］. 第12版．高鸿业，等，译．北京：中国发展出版社，1992.

［9］［美］保罗·莱文森．软利器：信息革命的自然历史与未来［M］. 何道宽，译．上海：复旦大学出版社，2011.

［10］蔡骐，肖芃．中国语境下的媒介融合［J］. 湖南师范大学社会科学学报，2010（3）.

［11］蔡雯，王学文．角度·事业·轨迹——试析有关“媒介融合”的研究［J］. 国际新闻界，2009（11）.

［12］［英］查理·达尔文．物种起源［M］. 何滟，译．重庆出版社，2014.

［13］陈昌凤，李宏刚．媒介融合：从政策到生产与消费的关系转型［J］. 新闻爱好者，2014（10）.

［14］陈国权．分化是传媒发展的趋势——“融合论”质疑［J］. 新闻记者，2010（3）.

［15］陈力丹，董晨宇．“融合”背景下的媒介传播趋势与手段［J］. 新闻传播，2010（8）.

［16］陈力丹，廖金英．我国传媒产业将如何重新洗牌？——2014年话媒体融合［J］. 广播电视信息，2015（1）.

［17］陈威如，王诗一．平台转型：企业再创巅峰的自我革命［M］. 北京：中信出版集团，2016.

［18］崔保国．2013年中国传媒产业发展报告［M］. 北京：社会科学文献出版社，2013.

［19］崔保国．2012年中国传媒产业发展报告［M］. 北京：社会科学文献出版社，2012.

［20］崔保国．技术创新与媒介变革［J］. 当代传播，1999（6）.

［21］崔保国．中国传媒产业发展报告（2014）［M］. 北京：社会科学文献出版社，2014.

[22] 崔保国．中国传媒产业发展报告（2015）[M]．北京：社会科学文献出版社，2015.

[23] 崔保国．中国传媒产业发展报告（2018）[M]．北京：社会科学文献出版社，2018.

[24] [英] 丹尼斯·麦奎尔．受众分析 [M]．刘燕南，李颖，杨振荣，译．北京：中国人民大学出版社，2006.

[25] [美] 道格拉斯·C. 诺思．经济史中的结构与变迁 [M]．陈郁，罗华平，等译．上海：上海三联书店、上海人民出版社，1994.

[26] [美] 道琼拉斯·C. 诺思，罗伯斯·托马斯．西方世界的兴起 [M]．厉以平，蔡磊，译．北京：华夏出版社，1999.

[27] 邓建国．媒介融合：受众注意力分化的解决之道——兼与“反媒介融合论”商榷 [J]．新闻记者，2010（9）.

[28] 邓小平文选：第二卷 [M]．北京：人民出版社，1994.

[29] 邓小平文选：第三卷 [M]．北京：人民出版社，1993.

[30] 邓瑜．媒介融合的多维分析 [J]．现代传播，2011（1）.

[31] 丁柏铨．媒介融合：概念、动因及利弊 [J]．南京社会科学，2011（11）.

[32] [美] 菲利普·迈耶．正在消失的报纸：如何拯救信息时代的新闻业 [M]．张卫平，译．北京：新华出版社，2007.

[33] 付晓光，田维钢．媒介融合的前世、今生和未来——美国著名媒介理论家保罗·莱文森访谈 [J]．现代视听，2011（12）.

[34] 付晓燕．媒介融合下的美国新闻业和新闻教育变革——访美国密苏里新闻学院媒介融合项目创始人迈克·麦金教授 [J]．新闻与写作，2009（8）.

[35] 高钢．媒体融合：追求信息传播理想境界的过程 [J]．国际新闻界，2007（3）.

[36] 郜书锴．悖论与反思：媒介融合的文化逻辑 [J]．现代视听，2009（2）.

[37] 葛岩，吴予敏．制度变迁视野里的报业市场格局［M］．上海：上海交通大学出版社，2012.

[38] 郭庆光．传播学教程［M］．北京：中国人民大学出版社，2011.

[39] 郭全中，郭凤娟．2014年中国新媒体产业发展报告［M］．//唐绪军，等．中国新媒体发展报告No.6（2015）．北京：社会科学文献出版社，2015.

[40] 郭全中．2017：智能驱动下的中国传媒业转型［J］．新闻记者，2018（1）.

[41] 郭全中．媒体转型中的七大理论问题探讨［J］．新闻与写作，2014（8）.

[42] 胡正荣，李继东．我国媒介规制变迁的制度困境及其意识形态根源［J］．新闻大学，2005（1）.

[43] 胡正荣．后WTO时代我国媒介产业重组及其资本化结果——对我国媒介发展的政治经济学分析［J］．新闻大学，2003（3）.

[44]［美］华勒斯坦，等．开放社会科学——重建社会科学报告书［M］．刘锋，译．北京：生活·读书·新知三联书店，1997.

[45] 黄楚新，彭韵佳．2017年中国媒体融合发展报告［J］．现代传播，2018（4）.

[46] 黄旦，李暄．从业态转向社会形态：媒介融合再理解［J］．现代传播，2016（1）.

[47] 黄金．媒介融合的动因模式研究［D］．北京：中国人民大学博士学位论文，2009.

[48] 黄良奇．从平台经场域到生命体：媒体融合的实践范式与路径［J］．西南民族大学学报（人文社会科学版），2018（3）.

[49] 坚持正确方向创新方法手段　提高新闻舆论传播力引导力［N］．人民日报，2016-2-20（1）.

[50] 蒋晓丽，任雅仙．媒介融合的生态批评［J］．四川大学学报．

哲学社会科学版，2008 (4).

[51] 靖鸣，臧诚. 传媒批判视野下媒介融合过程中的问题与思考 [J]. 现代传播，2011 (4).

[52] [美] 康芒斯. 制度经济学 [M]. 赵睿，译. 北京：华夏出版社，2013.

[53] [美] 克里斯·安德森. 长尾理论 [M]. 乔江涛，译. 北京：中信出版社，2006.

[54] 黎泽潮，刘传雷. 再谈媒介融合——基于媒介融合理论和现实的重新考量 [J]. 河南工业大学学报. 社会科学版，2013 (1).

[55] 李丹林. 媒介融合背景下我国传媒政策与法律研究论纲 [J]. 南京社会科学，2014 (2).

[56] 李飞. 诺斯《制度、制度变迁与经济实绩》介绍 [J]. 经济社会体制比较，1992 (2).

[57] 李继东. 复合规制：媒介融合时代的规制模式探微 [J]. 国际新闻界，2013 (7).

[58] 李良荣，周宽玮. 媒体融合：老套路和新探索 [J]. 新闻记者，2014 (8).

[59] 李思屈. 传媒的“技术权力”与商业广告的“造梦”机制 [J]. 新闻与传播研究，1999 (3).

[60] 林毅夫. 关于制度变迁的经济学理论：诱致性变迁与强制性变迁 [C]. //R. 科斯，A. 阿尔钦，D. 诺思. 财产权利与制度变迁——产权学派与新制度经济学派译文集. 刘守英，等译. 上海：上海三联书店，2003.

[61] 刘劲松，李明伟，黄玉波，王琛. 党报集团向现代传媒集团转型模式与战略 [M]. 北京：中国传媒大学出版社，2013.

[62] 刘婧一. 媒介融合的动力分析 [J]. 东南传播，2007 (8).

[63] 刘奇葆. 加快推动传统媒体和新兴媒体融合发展 [N]. 人民日报，2014-4-23 (6).

［64］刘颖悟，汪丽．媒介融合的概念界定与内涵解析［J］．传媒，2012（1）．

［65］刘颖悟，汪丽．媒介融合的四大影响［J］．传媒，2012（9）．

［66］卢现祥，朱巧玲．新制度经济学［M］．北京：北京大学出版社，2012．

［67］卢现祥．西方新制度经济学［M］．北京：中国发展出版社，2003．

［68］［加］罗伯特·洛根．理解新媒介——延伸麦克卢汉［M］．何道宽，译．北京：复旦大学出版社，2012．

［69］［美］罗伯特·皮卡特．传媒管理学导论［M］．韩俊伟，常永新，等译．北京：人民邮电出版社，2006．

［70］［美］罗杰·菲德勒．媒体形态变化：认识新媒介［M］．明安香，译．北京：华夏出版社，2000．

［71］马克思恩格斯全集：第三十卷［M］．中共中央马克思恩格斯列宁斯大林著作编译局，译．北京：人民出版社，1995．

［72］马克思恩格斯选集：第二卷［M］．中共中央马克思恩格斯列宁斯大林著作编译局，译．北京：人民出版社，1995．

［73］［加］马歇尔·麦克卢汉．理解媒介——论人的延伸［M］．何道宽，译．南京：译林出版社，2011．

［74］马云辉，王猛．战略协同理论综述［J］．现代企业教育，2009（18）．

［75］［美］迈克尔·波特．国家竞争优势［M］．李明轩，邱如美，译．北京：华夏出版社，2002．

［76］梅宁华，宋建武．中国媒体融合发展报告（2015）［M］．北京：社会科学文献出版社，2015．

［77］孟建，黄艳．媒体融合发展与现代社会进步——对我国大力实施“媒体融合战略”的若干思考［J］．新闻爱好者，2014（12）．

［78］南长森，石义彬．媒介融合的中国释义及其本土化致思与评

鹭［J］. 陕西师范大学学报. 哲学社会科学版，2012（3）.

［79］南长森. 媒介融合本土化反思与评鹭［J］. 编辑之友，2012（8）.

［80］南长森. 阅读识别身份：数字时代阅读方式变革与文化身份认同研究［J］. 新闻与传播研究，2010（2）.

［81］潘祥辉. 中国媒介制度变迁的演化机制研究——一种历史制度主义的视角［D］. 杭州：浙江大学博士学位论文，2008.

［82］庞亮，郭之恩. 进程与变迁：基于媒介融合政策视角下的观察［J］. 现代传播，2011（11）.

［83］彭兰. 媒介融合时代的合与分［J］. 中国记者，2007（2）.

［84］朴银姬. 浅析媒介融合与融合媒介的差异——以日本媒介为例［J］. 新闻研究导刊，2013（10）.

［85］秦红雨. 不可忽略的文化维度——媒介融合的现状与反思［J］. 编辑之友，2012（8）.

［86］秦祖智，李镓. 传统盈利模式下新闻网站渠道建设浅析——以人民网为例［J］. 新闻潮，2015（4）.

［87］秦祖智，宗莉. 传统媒体广告市场运营战略浅析——基于GXD传媒集团的案例分析［J］. 广西师范学院学报：哲学社会科学版，2015（4）.

［88］秦祖智. 对媒体融合的再思考［J］. 东南传播，2019（2）.

［89］秦祖智. 受众商品论再解读——基于我国媒介实践的视角［J］. 新闻界，2014（12）.

［90］冉明仙. “竞合螺旋”：媒体分阶段发展趋势——与单纯“分化论”和“融合论”商榷［J］. 新闻记者，2010（9）.

［91］人民日报社. 融合元年——中国媒体融合发展年度报告2014［M］. 北京：人民日报出版社，2015.

［92］邵培仁. 媒介理论前沿［M］. 杭州：浙江大学出版社，2009.

[93] 東秀芳. 美国媒介分化现象初探 [J]. 现代传播, 2011 (12).

[94] 苏克军. 后大众传播时代的来临——信息高速公路带来的传播革命 [J]. 现代传播, 1998 (3).

[95] (台湾) 唐士哲. 重构媒介?"中介"与"媒介化"概念爬梳 [J]. 新闻学研究, 2014, 10 (121).

[96] 陶喜红. 中国传媒产业市场结构演变研究 [M]. 北京: 中国社会科学出版社, 2013.

[97] [美] 托马斯·库恩. 科学革命的结构 [M]. 金吾伦, 胡新和, 译. 北京: 北京大学出版社, 2003.

[98] 汪洪涛. 制度经济学: 制度及制度变迁性质解释 [M]. 第二版. 上海: 复旦大学出版社, 2009.

[99] 韦路, 鲍立泉, 吴廷俊. 媒介技术演化与传播理论的范式转移 [J]. 当代传播, 2010 (1).

[100] 吴世文, 谢湖伟. 媒介融合的多重逻辑及发展取向 [J]. 青年记者, 2015 (1).

[101] 项保华, 李庆华. 企业战略理论综述 [J]. 经济学动态, 2000 (7).

[102] 肖芃, 蔡骐. 媒介融合: 变迁的旋律 [J]. 求索, 2010 (10).

[103] 肖叶飞. 传媒产业融合与政府规制改革 [J]. 国际新闻界, 2011 (12).

[104] 肖叶飞. 传媒产业所有权融合与反垄断规制 [J]. 国际新闻界, 2013 (4).

[105] 肖赞军. 媒介融合背景下中国传媒经营体制改革研究 [J]. 湖南商学院学报, 2008 (6).

[106] [美] 熊彼特. 经济发展理论 [M]. 孔伟艳, 等译. 北京: 北京出版社, 2008.

[107] 熊澄宇. 媒介史纲 [M]. 北京: 清华大学出版社, 2011.

[108] 徐琴媛，等．世界一流媒体研究［M］．北京：中国广播电视出版社，2011.

[109] 徐沁．泛媒体时代的生存法则——论媒介融合［D］．杭州：浙江大学博士论文，2008.

[110] 徐沁．媒介融合：新闻传播业的新趋势［J］．东南传播，2008（7）.

[111] 许颖．互动·整合·大融合——媒体融合的三个层次［J］．国际新闻界，2006（7）.

[112] 许志辉．媒体融合的经济学分析——探寻媒体融合的动因、路径及其效应［D］．北京：北京师范大学，2011.

[113]［英］亚当·斯密．国富论［M］．唐日松，等译．北京：华夏出版社，2005.

[114] 严三九．技术、生态、规范：媒体融合的关键要素［J］．人民论坛·学术前沿，2019（2）（上）.

[115] 杨溟．媒介融合导论［M］．北京：北京大学出版社，2013.

[116] 尹连根，刘晓燕．"姿态性融合"——中国报业转型的实证研究［J］．新闻与传播研究，2013（2）.

[117] 于小川．技术逻辑与制度逻辑——数字技术与媒介产业发展［J］．武汉大学学报．人文科学版，2007（6）.

[118] 喻国明，苏林森．中国媒介规制的发展、问题与未来方向［J］．山西大学学报．哲学社会科学版，2009（6）.

[119] 喻国明．关于当前中国传媒产业发展的战略思考［J］．山西大学学报．哲学社会科学版，2007（1）.

[120] 喻国明．媒介革命——互联网逻辑下传媒业发展的关键与进路［M］．北京：人民日报出版社，2015.

[121]［美］约翰·L. 坎贝尔．制度变迁与全球化［M］．姚伟，译．上海：上海人民出版社，2010.

[122] 曾军辉．电视媒体与微博融合传播研究——以中央电视台和

新浪微博为例［D］. 北京：中国社会科学院研究生院，2013.

［123］张富春．资本与经济增长［M］. 北京：经济科学出版社，2000.

［124］张金海，柳庆勇．论媒介发展的时空自由逻辑［J］. 新闻与传播评论，2010.

［125］张五常．交易费用、风险规避与合约安排的选择［C］. //R. 科斯，A. 阿尔钦，D. 诺思．财产权利与制度变迁——产权学派与新制度经济学派译文集．刘守英，等译．上海：上海三联书店，2003.

［126］张晓锋．论媒介化社会形成的三重逻辑［J］. 现代传播，2010（7）.

［127］赵星耀．认知媒介融合的既有理念和实践［J］. 国际新闻界，2011（3）.

［128］郑晓华．我国媒介融合的内外动因解析［J］. 北京邮电大学学报．社会科学版，2011（3）.

［129］中国社会科学院语言研究所词典编辑室．现代汉语词典［M］. 修订本．北京：商务印书馆，1996.

［130］朱春阳，张亮宇，杨海．当前我国传统媒体融合发展的问题、目标与路径［J］. 新闻爱好者，2014（10）.

［131］朱光烈．我们将化为泡沫——信息高速公路将给传播业带来什么［J］. 北京广播学院院报，1994（2）.

二、外文部分

［1］Angus I. Who Put the Con in Convergence?［J］. Business Communications Review，2002（3）.

［2］Appelgren E. Convergence and Divergence in Media：Different Perspectives［C］. 8th ICCC International Conference on Electronic Publishing Brasilia – DF，Brazil，2004，6.

［3］Blackman C R. Convergence Between Telecommunications and other Media：How should Regulation Ddapt［J］. Telecommunications Policy，

1998, 22 (3).

[4] Dailey L, Demo L, Spillman M. The Convergence Continuum: a Model for Studying Collaboration Between Media Newsrooms [J]. Atlantic Journal of Communication, 2005, 13 (3).

[5] Dupagne M, Garrison B. The Meaning and Influence of Convergence. a Qualitative Case Study of Newsroom Work at the Tampa News Center [J]. Journalism Studies, 2006, 7 (2).

[6] Dupagne M, Garrison B. The Meaning and Influence of Convergence: a Qualitative Case Study of Newsroom Work at the Tampa News Center [J]. Journalism Studies, 2006, 7 (2).

[7] Dwyer T. Media Convergence [M]. New York: McGraw Hill/Open University Press, 2010.

[8] Garcia – Murillo M, MacInnes I. The Impact of Technological Convergence on the Regulation of ICT Industries [J]. The International Journal on Media Management, 2002, 5 (1).

[9] Georgeta Drula. Media Convergence and Mobile Technology [J]. Journal of Media Research, 2014, 3 (20).

[10] Gordon R. The Meanings and Implications of Convergence [M]. // Kawamoto K, ed. , Digital Journalism: Emerging Media and the Changing Horizon of Journalism, New York: Rowman & Littlefield, 2003.

[11] Gort M, Klepper S. Time Paths in the Diffusion of Product Innovation [J]. The Economic Journal, 1982, 92 (367).

[12] Guillory J. Genesis of The Media Concept [J]. Critical Inquiry, 2010, 36 (2).

[13] Gundelsweiler F, Filk C. Future Media Platforms for Convergence Journalisms [J]. At the Interface / Probing the Boundaries. 2012, 83.

[14] Jenkins H, Deuze M. Editorial: Convergence Culture [J]. Convergence, 2008, 14 (1).

[15] Jenkins H. Convergence? I Diverge [J]. Technology Review, 2001 (6).

[16] Jenkins H. Welcome to Convergence Culture [J]. Receiver, 2005, 12.

[17] José A. García – Avilés, Andy K, Klaus M. Media Convergence Revisited [J]. Journalism Practice, 2014, 8 (5).

[18] Ketterer S, Weir T, Smethers J S, Back J. Case Study Shows Limited Benefits of Convergence [J]. Newspaper Research Journal, 2004, 25 (3).

[19] Keung L. Strategic Management in the Media: from Theory to Practice [M]. Los Angeles, London: SAGE, 2008.

[20] Kolodzy J. Convergence Explained [M]. //Grant E, Jeffrey S, Wilkinson. Understanding Media Convergence, Oxford: Oxford University Press, 2009.

[21] Kopecka – Piech K. Media Convergence Concepts [J]. Media Studies, 2011, 46 (3).

[22] Lawson – Borders G. Integrating New Media and Old Media: Seven Observations of Convergence as a Strategy for Best Practices in Media Organizations [J]. International Journal on Media Management, 2003, 5 (2).

[23] Losifidis P. Digital Convergence: Challenges for European Regulation [J]. Javnost – The Public, 2002, 9 (3).

[24] Meikle G, Young S. Media Convergence: Networked Digital Media in Everyday Life [M]. New York: Palgrave Macmillan, 2012.

[25] Michael Noll A. The Myth of Convergence [J]. International Journal on Media Management, 2003, 5 (1).

[26] Mishra S. Media Convergence: Indian Journalists' Perceptions of its Challenges and Implications [J]. Convergence: The Journal of Research into New Media Technologies, 2016, 22 (1).

[27] Pool I S. Technologies of Freedom [M]. Cambridge, Mass.: Harvard University Press, 1983.

[28] Quinn S. Convergence Fundamental Question [J]. Journalism Studies, 2005, 6 (1).

[29] Rodica Melinda Şuţu. Convergence, the New Way of Doing Journalism [J]. Romanian Journal of Journalism & Communication, 2011, 6 (1).

[30] Rodica Melinda Şuţu. The Influence of New Technologies on Journalism Practices [J]. Romanian Journal of Journalism & Communication, 2015, 10 (2).

[31] Rolland A. Convergence as Strategy for Value Creation [J]. International Journal on Media Management, 2003, 5 (5).

[32] Smythe D. Communications: Blindspot of Western Marxism [J]. Canadian Journal of Political and Society Theory, 1977, 1 (3).

[33] Vernon R. International Investment and International Trade in the Product Cycle [J]. Quarterly Journal of Economics, 1966, 80 (2).

[34] Zhang S I. Newsroom Convergence Models of China's Beijing Youth Daily and Denmark's Nordjyske [J]. Chinese Journal of Communication, 2009, 2 (3).

[35] 植草益. 産業融合——産業組織の新たな方向 [M]. 東京: 岩波書店, 2000.

后　　记

自步入传媒业大门后，盈利模式的单一、新媒体的冲击这些现实问题经常使我陷入对当下传统媒体究竟向何处去的追问之中，并促使我不断关注、思考传媒发展问题，因而一直有将博士期间的研究成果再完善后出版的念想。囿于种种原因，一直让拖延症主导着行动，接连熬了十数个日夜，终于可以收笔，心情有些许轻松，也有点苦尽甘来的味道……

能有幸得以品味这苦尽甘来的个中之味，要深深感恩我敬重的导师张金海先生。先生将我引入传媒经济学的殿堂，不但在学业上以其极富前瞻性的洞察力和深厚学术造诣对我传道、授业、解惑，点拨迷津、指引方向，更在为人处事上潜移默化地影响着我们，使我等学子受用终生。只是本人生性愚钝，所做学问未达到先生期望，是以深深不安和愧疚，有负先生谆谆教诲与厚爱，唯继续孜孜以求，或能晚成小器。

诸多学者的成果为我的研究提供了丰富的理论资源和文献支持，感谢学者们的辛勤工作，你们的指引犹如巨人的肩膀，使我站得更高，看得更远，走得更久。

今天得以将文稿付梓，是诸多学者、老师指导帮助的结果。同时，要特别感谢经济出版社给予拙作面世的机会，感谢李雪主任在出版过程中给予的无私支持，感谢编校等工作人员的辛勤劳动。

如果要说遗憾，则是这些年来对家人总是碎片式地陪伴，尤其对父母与孩子，如有来世可弥补，还盼做你们的亲人。

收笔之际，其实有些惶恐，本书所呈现研究成果需雕琢的地方还甚多。加之传媒发展可谓日日新，各种新媒介、新模式更新迭代速度之快超乎常态，所选用的案例在收笔之际或许早已成旧闻，因而所形成的研究结论还有待置于传媒发展历史变迁的场景中不断完善、修正、提升。

是为记。

2019 年 11 月 24 日于邕城望州岭